반송 고시영 목사 심리전기

반송盤松의 연민과
이그너스 이해

저자 | 황해국 안명숙 조영진

E a g e r n e s s

● 저자 소개

황해국 목사

서울장신대학교

장신대 신대원 & 대학원 목회학 석사(M.P.S.)

장신대 & Mccormick Theological Seminary 목회학 박사(D.Min)

연세대학교 연합신학대학원 상담학 석사(Th.M.)

연세대학교 연합신학대학원 상담학 박사(Ph.D.)

연세대학교 연합신학대학원 겸임교수

서울장신대(총회과정) 교무처장, 학장

서울장신대학교 총장

전 세광교회 위임목사

현 서울동천교회 위임목사

안명숙 교수

성균관대학교 사범대학 교육학과 문학사(B.A.)

장로회신학대학교 신학대학원 석사(M.Div.)

연세대학교 일반대학원 신학과 박사(Ph.D.)

서울장신대학교 상담심리학과 교수, 상담심리학과장

조영진 교수

연세대학교 신학과 신학사(B.A.)

장로회신학대학교 신학대학원 석사(M.Div.)

연세대학교 일반대학원 신학과 박사(Ph.D.)

서울장신대학교 상담심리학과 교수, 행정지원처장

반송 고시영 목사 심리전기

반송盤松의 연민과
이그너스 이해

Eagerness

머리말

한 사람의 일생을 심리전기로 재구성한다는 일은 결코 쉬운 일이 아닙니다. 사람 심리의 역동은 하루에도 수없이 바뀌고 그 변화를 한 권의 책으로 다 담을 수 없기 때문입니다. 그럼에도 불구하고 반송의 심리전기를 출간하는 것은, 평생 하나의 신념과 목표로 자신의 삶에 최선을 다한 반송을 기리며, 그 안에서 작동했던 하나님의 은혜와 반송을 지탱하게 했던 내적 역동과 지향점을 밝히기 위함입니다.

반송은 문학인이었고 철학적 사고를 지닌 목회자였습니다. 그래서일까요? 그는 인문학적 성찰과 약자를 향한 연민, 교회의 혁신을 위한 이그너스(Eagerness, 열망)로 살았습니다. 또 문학평론가로 문학을 사랑한 그는 인간의 본성과 본능의 나약함을 이해하려고도 노력하였습니다. 그는 약자에 대한 연민으로 가득했고, 목회자였기에 열악한 환경에서 목회하는 목회자들의 기본권을 지키기 위해 교회의 변화를 주도했습니다.

조셉 캠벨은 모든 사람의 삶에는 '영웅 이야기'가 있다고 했습니다. 캠벨의 영웅 이야기는 위대하고 큰일을 한 사람만을 말하는 것이 아니고, 누구도 가보지 않은 길을 가면서 자신만의 가치를 완성하기 위해 살아가는 존중 받아야 하는 작은 영웅을 말합니다. 그런 차원에서 보면 반송의 삶도 작은 영웅으로 살아간 것이 분명합니다.

그러나 반송의 심리전기는 반송을 영웅으로 만들고자 하는 데 방점을 두지 않았습니다. 반송(盤松) 고시영 목사의 삶을 심리학, 인문학, 신학이라는 눈으로 다시 조명하고자 했고, 학문적인 관점으로 그의 내면세계와 존재에 대한 고민, 고독과 희망, 사랑과 책임감을 가진 신앙의 이야기로 그의 삶을 재해석했습니다. 그리고 그의 한계와 미흡함까지도 밝히고자 했습니다.

이러한 노력을 통해 반송의 삶이 의미 있었다는 것을 밝히고자 했고, 우리도 얼마든지 자신의 삶에 최선을 다할 때 작은 영웅으로 살 수 있다는 것을 말하고 싶었습니다. 동시에 심리학적으로 한 인물을 재구성하여 그의 삶과 사역을 목회 신학적으로 분석함으로써 전기(傳記)도 학문적인 접근과 기록으로 남길 수 있다는 것을 보여주고자 했습니다. 아마도 이 심리전기는 일반 전기나 자서전, 평전과는 다른 학문적인 가치를 가지고 도서관에 오래도록 보관될 것입니다.

이 책을 읽는 모든 분도 반송 고시영 목사의 인간 이해와 고민, 연민과 그의 열망을 함께 나누고 각자의 삶도 다시 돌아보는 계기가 되길 바랍니다. 그리고 지금 이 시대, 연민과 열망으로 묵묵히 살아가는 작은 영웅들에게 작은 격려가 될 수 있기를 빕니다.

그를 추억하면서 원고를 마감하니 반송에 대한 여러 가지 기억이 우리를 행복하게 합니다.

2025년 5월
반송을 다시 추억하며
서울장신대학교 전 총장 황해국 목사

반송 고시영 목사님의 심리전기를 오랜 기다림 끝에 마침내 출
간하게 되었습니다. 고시영 목사님의 심리전기를 펴내기로 기획하
고 애쓴 서울장신대학교의 전 총장 황해국 목사께서 나에게 추천
의 글을 써달라고 하였고, 이 책의 내용을 요약하여 보냈지만 그것
을 열 수 있는 앱이 없어 볼 수가 없었습니다. 다시 연락하여 책의
내용을 읽어볼까 하고 생각하다가 고시영 목사님과 함께해 온 지
난날을 더듬어 추천의 글을 쓰기로 했습니다.

고시영 목사님을 생각하면 우선 서울장신대학교를 말할 수밖에
없습니다. 그는 누구보다도 자신의 모교이며, 오랜 시간 이사로,
이사장으로 섬긴 서울장신대학교를 사랑한 분이었습니다. 그는 서
울장신대학교를 누구보다도 자랑스럽게 생각했으며, 모교의 동문
들을 사랑한 분이었습니다. 모교에 관한 일이면 백사를 제쳐두고
달려간 분이었고, 전국에 흩어져서 목회하는 동문들의 일에도 한

걸음에 달려간 분이었습니다. 고시영 목사님처럼 모교를 사랑하고, 동문들을 아끼고 사랑하는 이를 본 일이 없습니다. 서울장신대학교가 오늘에 이르러 눈부신 발전을 하게 된 것은 그분의 노고에 힘입은 것이라 아니할 수가 없습니다.

나아가 고시영 목사님은 우리 교단에 큰 공로를 끼친 분이었습니다. 그분은 여러 해 동안 교단의 장기발전위원회 위원장을 맡아서 수고했습니다. 우리 교단이 직면하고 있는 문제는 무엇인가를 구체적으로 파악하기 위해서 전국을 뛰어다녔고, 많은 사람을 만났습니다. 그리고 교단의 발전을 위하여 구체적인 해결 방안을 제시했습니다. 우리 교단은 그분이 제시한 방안을 채택하여 많은 문제를 해결하였습니다. 무엇보다도 그분은 가난에 시달리고 있는 목회자들을 도와서 마음껏 목회에 전념하도록 하려 하였습니다. 아쉬운 점은 그분이 제시한 발전방안의 상당 부분을 잊어버린 점입니다.

저는 개인적으로 그분이 우리 곁을 떠난 일이 너무나도 아쉽고 그립습니다. 저는 그분과는 고향을 함께 한 사이도 아니고, 서울장신대학교의 동문도 아닙니다. 수십 년 친구도 아닙니다. 우연히 만나서 사귐을 가지게 되었고, 뜻을 함께하면서 살아왔습니다. 그분은 하나님께서 저에게 허락해 주신 너무나도 귀한 친구였습니다. 그분은 자신이 마지막으로 병원에 입원했을 때 코로나바이러스 때문에 문병하지 못해 안타까워하는 저에게 "목사님과 나는 만나든 만나지 못하든 마음을 함께 하고 있지 않습니까. 우리가 지금 서로 만나지 못해도 괜찮습니다. 하나님의 나라에서 만나면 되지 않겠습니까."라는 말을 남기고 가셨습니다. 못다 한 말이 많지만 그분이 말한 것처럼 하나님의 나라에서 나눌 이야기가 많을 것이라는 사실로 위로를 받고 있습니다.

황해국 목사께서 고시영 목사님의 전기를 심리전기로 펴내기로 하였고, 이제 곧 그 책을 받아 보게 되었습니다. 서울장신대학교 동문들은 물론 전국의 목회자들과 한국교회의 교인들도 이 책을 읽어보시기를 권합니다. 우리가 어떻게 신앙생활을 해야 하며, 어떻게 교회를 섬겨야 할 것인지에 관하여 큰 가르침을 받을 수 있을 것이기 때문입니다. 이 책을 출간하기 위하여 애쓰신 분들의 노고에 감사드립니다.

2025년 5월
박위근 목사

인사말

    신학은 언제나 삶의 자리에서 태동합니다. 인간의 깊은 질문과 절대자의 신비한 응답 사이에서, 신학은 언어가 되고 사유가 되며 실천이 됩니다. 이 책은 그러한 신학의 여정 속에서 한 사람의 삶이 얼마나 숭고한 신학이 될 수 있는지를 보여주는 증언입니다. 그렇기에 반송(盤松) 고시영 목사님의 심리전기는 단지 한 인물의 회고가 아니라, 한국교회의 시대적 고민과 신앙의 성숙을 향한 응답으로 읽혀질 수 있습니다.

    고시영 목사님의 삶은 단순한 전통적 사역의 반복이 아닌 치열한 성찰과 연민 그리고 시대를 향한 '이그너스(Eagerness, 열망)'로 가득 찬 여정이었습니다. 목회와 신학, 문학과 상담, 교육과 정책 연구 등 다양한 분야에서, 또 약자와 교회의 본질을 향한 그의 열망들이 궁극적으로는 하나님께로 향하고 있었습니다.

    서울장신대학교는 고시영 목사님과 오랜 세월을 함께 걸었습니다. 고시영 목사님은 이 학교의 교수로, 이사장으로, 또 사상적 동역자로서 서울장신대학교가 지향해야 할 신학의 길을 정립해 주셨습니다. 그분은 그가 하신 말처럼, 신학은 신앙을 견고하게 하되, 삶으로 번역되어야 한다는 것을 우리 공동체에 심어주셨습니다. '신학과 인문학의 융합' '약자에 대한 연민' '사회적 치유와 실천적 교회', 이 모든 키워드는 그분의 삶을 관통하며 오늘날 우리 학교가 지향하는 바의 근간이 되었습니다.

심리전기가 단지 한 사람의 생애를 연대기적으로 기술한 기록이 아니라는 점이 새롭습니다. 그래서 이번에 출간하는 고시영 목사님의 심리전기는 한 존재의 내면에서 일어난 사유와 감정, 관계와 실천의 복합적 맥락을, 심리학적 도구를 통해 섬세하게 분석하고 성찰한 결과물입니다. 특히 TCI 성격이론, 사회적 자기 이해, 해방신학적 관점 등의 이론적 틀은 고시영 목사님의 신학과 사유를 다층적으로 조망할 수 있게 해줍니다. 그가 사용한 단어 하나하나, 설교와 저술, 그리고 삶의 발자국들이 어떻게 한 인간의 심성과 영성, 신학적 세계관을 형성했는지를 이 책은 빅데이터 분석과 인터뷰, 이론적 성찰을 통해 균형 있게 보여주고 있습니다.

심리전기의 서술 속에서 우리는 고시영 목사님이 가장 자주 사용한 단어가 '나·삶·인간·사랑·하나님'이었음을 발견하게 됩니다. 그는 자기 자신을 향한 깊은 성찰로 이웃을 품었고, 하나님을 향한 경외로 시대를 해석했습니다. 그에게 삶은 고독과 고통, 그러나 동시에 희망과 경건의 여정이었습니다. 그는 '슬픔이 깊을수록 빛이 강하다'는 진리를 알고 있었고, 그 빛으로 교회와 사회를 비추기 위해 마지막까지 최선을 다하셨습니다.

　서울장신대학교는 앞으로도 고시영 목사님의 정신을 계승하여, 신학의 본질을 붙들되 세상과 호흡하며, 경건과 학문 그리고 실천이 함께 어우러지는 사역자들을 양성해 나갈 것입니다. 고인의 삶은 끝났지만, 그분이 남기신 신학과 삶의 향기는 오래도록 이 시대를 깨우고 이끌 것입니다. 그렇기에 이 책이 읽히는 모든 자리마다 고시영 목사님의 따뜻한 음성과 깊은 눈빛 그리고 하나님을 향한 거룩한 사유가 전해지기를 기도합니다.
　감사합니다.

　　　　　2025년 5월
　　　　　서울장신대학교 총장　한흥신

● 차례

제1편 반송 고시영 목사 삶의 주된 심리적 주제들

제3편 반송 고시영 목사의 인문학적 성찰과 목회 신학적 분석

반송 고시영 목사 심리전기

반송盤松의 연민과
이그너스 이해
Eagerness

프롤로그

　고시영 목사의 호(號)는 반송(盤松)이다. 반송은 소나무과에 속하는 나무인데 3~7m까지 자란다. 일반 소나무와는 달리 원줄기가 없고 지표면에서부터 줄기가 여러 갈래 갈라지는 것이 특징이다. 형상은 반원형으로 우산 모양을 연상시키고 나무의 생김새가 쟁반과 같다 하여 반송이다. 반송은 수형이 아름답고 기품이 있어 선비들이 좋아했고 천연기념물로 지정되어 보호받는 경우가 많았다. 꽃말은 선비의 지성(知性)이고 고결한 기품을 의미한다.

　고시영 목사의 호가 반송인 데는 이유가 있다.
　반송(盤松)은 선비의 지성을 상징하고, 나무의 뿌리는 땅속에서는 하나로 나오다가 지표면에서부터 여러 갈래로 나누어져 번창하여 전체가 아름다운 기품을 나타낸다. 이런 나무의 특징이 반송의 신앙과 학교 사랑에 어울린다고 해서 그의 호를 반송이라 했다.

서울장신대학교의 69년 역사를 살펴보면 3기의 과정을 거쳤다고 할 수 있다.

제1기는 고(故) 강신명 목사가 중심되어 서울장신대학교를 세우고 밀알 정신의 기초를 닦았다면, 오늘의 광주 경안동의 서울장신대학교는 곽선희 목사의 헌신과 수고로 신학대학교의 기틀을 세워 2기를 맞았다. 그리고 서울장신대학교(서울 장신)의 신학을 바탕으로 각처에서 동문이 제 역할을 충실히 하고 있는 현재의 3기는 고시영 목사의 열정이 있었기 때문이라 해도 과언이 아니다.

오늘의 서울장신대학교는 밀알 정신, 주경야독, 지팡이 하나만 들고 어디든 가리라는 소명으로 시작하여 신학대학교로 성장, 발전하여서 '서울 장신'의 신학과 기틀이 공고히 다져졌다. 현재는 '서울 장신'의 동문들이 각처에서 번창하여 일가(一家)를 이루고 있다. 이러한 바탕에는 반송 고시영 목사의 역할은 매우 지대하다.

반송 고시영의 삶을 한마디로 표현한다면 인문학적 성찰과 목회적 열정과 열망을 가지고 약자와 소외된 자를 위한 목회적 돌봄, 교회 개혁에 헌신한 목회자이자 사상가로 평가할 수 있다. 그는 문학과 신학, 사회복지, 목회 상담 등 다학제적 접근을 통해 기독교 인문학과 오늘날 교회의 학문적 지평 융합을 시도했다. 그리고 무너져 가는 한국교회의 개혁과 목회자의 자기성찰, 혁신을 외쳤던 지도자였고 기독교 사상가였다. 그의 삶과 사역은 약자를 위한 연민, 교회 개혁, 기독교 인문학 전파를 위한 노력과 열망으로 집약된다.

　한 사람의 삶을 심리전기로 재구성하는 것은 의미 있는 일이다. 일반적으로 한 개인의 인생을 평가하고 그의 삶을 재구성하는 데는 여러 방법이 있다.

　첫 번째로 자서전(自敍傳, Autobiography)을 들 수 있다. 이는 자기 인생의 이야기를 책으로 엮어내는 방법이다. 그런데 이 방법은 자기의 기억에 의지하기 때문에 객관적일 수 없다. 그리고 다른 사람의 반영을 다루지 않기 때문에 자서전은 극히 주관적일 수밖에 없다. 두 번째로 자서전과 유사한 회고록이다. 회고록은 자신이 살아온 시대를 반영하고 회고하여 쓰는 기록이다. 회고록의 특징은 자신의 사고와 평가, 자신의 처지에서 그 시대를 반영하기 때문에 미화나 날조가 있고 자서전과 같이 객관적이지 않고 검증하기가 어렵다.

　세 번째 유형이 평전(評傳)이다. 평전은 한 인물의 업적이나 활동을 부각하여 그 사람의 가치관이나 사회적 영향력을 강조한다. 그런데 평전을 기록하는 저자에 따라 그 인물의 자료 수집과 평가, 정보 선정, 인용과 해석에 따라 달라질 수 있다. 즉 저자의 주관적인 의지에 따라 정보수집과 평가가 달라지기에 때문에 주관성과 객관성이 동시에 작용한다.

심리전기(psychological biography)는 심리학적 관점에서 한 인물의 삶을 재구성하는 기록이다. 한 인물이 살면서 경험하는 다양한 심리적 변화의 과정과 배경, 원인을 심리적으로 연구하여 학문적으로 그의 인생을 재구성한다. 즉 인생의 역경을 딛고 어떻게 성장했으며 그의 정신적인 가치는 어떻게 구축되었는지, 그의 삶에 어떤 영향을 주어, 그의 삶을 빛나게 했는지, 그의 그림자는 무엇이었는지를 심리적으로 규명하는 일이다.

심리전기 역시 평전과 마찬가지로 심리학자들에 의해 인생 단편이나 자료들로 그 사람의 삶을 재구성하기에 철저히 객관성이 보장되었다고는 할 수 없다. 그러나 심리전기는 개인의 진술이나 증언 외에 저술, 설교, 공적 연설, 그의 가치관이나 그의 주변이나 지인 등 여러 사람의 증언과 그에 대한 평가를 종합, 반영하여 저술하게 된다. 심리학자인 저자가 모든 자료를 심리학적 이론으로 분석하기 때문에, 비교적 학문적이고 객관성이 높다고 할 수 있다.

조셉 캠벨(Joseph Campbell)은 모든 사람의 삶에는 '영웅 이야기'가 있다고 했다. 그가 말하는 영웅 이야기는 나라를 구하고 인류에게 특별히 공헌한 영웅만을 말하는 것이 아니다. 누구도 가보지 않은 미지의 세계로 나가면서 시행착오와 실패, 좌절과 고난을 겪어내면서 내재(內在)한 자기 연민으로 아픈 사람들을 따뜻하게 이해하고, 그들의 미래를 위해 무엇인가 개혁하면서 제도를 만들고, 신앙적으로는 하나님의 뜻을 이루기 위해 몸부림치며 살아간 사람을 말한다. 그런 차원에서 심리전기는 한 개인의 빛나는 순간과 영웅의 탄생을 찾아내는 작업이다. 지극히 창의적이고 과학적인 연구이며 논리적이다.

반송 고시영 목사의 심리전기는 내러티브(narrative)적인 삶의 연대기가 아니며, 그의 업적과 능력, 역량 등을 영웅시하는 것이 아니라는 점에서 자서전, 회고록, 생애사 연구나 평전과는 다르다.

반송 고시영 목사의 심리전기를 기록하면서 그의 일생은 인문학적 성찰(reflection on the humanities)과 약자를 향한 연민(compassion), 혁신을 위한 이그너스(열망, eagerness)로 요약할 수 있다. 여기에서 말하는 인문학적 성찰은 반송이 인문학을 전공한 문학평론가로서의 인간 이해를 바탕으로 한 신앙적 성찰을 말한다. 그가 가진 약자에 대한 연민은 장 자크 루소(Jean-

Jacques Rousseau, 1755)가 말했던 연민이다. 루소가 의미하는 연민은 인간 본성의 본질적 요소를 말함이며, 인간이 자연 상태에서 타인의 고통에 공감하고 이를 완화하려는 자연적 충동이라 보았다. 루소는 연민이 도덕적 판단과 사회적 유대의 근본적인 기초가 되며, 인간 사회의 윤리적 토대를 마련하는 중요한 감정이라고 했다. 연민이야말로 도덕적 행동을 이끄는 본능적 동기라고 보았으며, 사회적 연대와 협력의 기반을 제공한다고 했다.

반송은 인문학적 접근으로 인간 이해를 해야 교인을 바르게 이해할 수 있고, 신앙과 인문학의 지평 융합은 우리의 입체적인 신앙 성찰을 가져온다고 했다. 그는 이러한 성찰을 가지고 한국교회는 혁신과 변화를 통해 약자를 위한 교회로 거듭나야 한다고 했다. 이것이 그가 가졌던 이그너스(열망)이다. 반송을 연구한 심리전기는 그의 이러한 인간 이해가 어떻게 발전했는가를 규명한다.

반송의 심리전기는 크게 3부로 나누어진다.

1부는 그가 남긴 저서 중에서 자서전 성격을 지닌 9권의 책을 선정하여 빅데이터로 분석하여 반송이 가장 많이 사용했던 단어의 사용 빈도와 개체명 인식을 조사했다. 그리고 그가 사용했던 단어와 언어 속에 담긴 반송의 무의식과 그가 추구했던 이상과 가치를 분석했다. 그의 청각장애가 그의 인문학 정진에 어떻게 작용했고 그의 삶과 믿음에 어떤 영향을 주었는지, 그리고 그것이 어떻게 사람에 대한 연민으로 작용했으며, 어떤 심리적 주제들로 발전했는지 그의 내적 자기 이해를 살폈다.

이때, 사용한 도구는 TCI 심리검사의 이론 개념(Cloninger, Sveakic & Przybeck, 1993)이다.

2부에서는 주인공에 대한 타인의 태도나 평가가 그 자신의 개념을 형성한다는 상징적 상호작용 이론을 바탕으로 다뤘다. 반송을 기억하는 사람들이 그에 관해 말하는 바를 분석했다. 즉, 사회적 반영 평가를 통해서 반송의 사회적 자기 이해를 살펴보았는데 주로 반송과 함께했던 지인들을 심층 면담하고 난 후 이를 종합 분석했다. 면담에 응했던 사람들 대부분은 반송이 소명과 헌신, 즉 신앙적 책임감이 강한 사람으로 평가했으며, 저자는 위로와 힘을 주는 반송으로 이해했다. 반송은 자기의 소명이 분명한 사람이다. 그리고 약자에 대한 연민을 컸기에 교회의 역할(교회의 사회적 성숙성)과 책임을 많이 강조했다.

3부는 반송의 사역과 삶을 세 가지 방법론으로 신학적인 분석을 했다. 래리 켄트 그래함의 체계적 방법론을 사용하여 반송이 가졌던 가치나 연민, 인간 이해가 그의 가정과 교육, 환경 속에서 체계적으로 형성되었음을 저자는 이해하였고, 반송의 심리전기 서술에 임했다. 또한 반송이 하나님의 동역자(Homo Cooperatio

Dei)로서의 개념을 가지고 사람들과 어떻게 협력하고 동역했는지를 밝히고자 했으며, 하나님의 동역자 다섯 가지 개념과 반송의 역할로 정리했다. 마지막으로는 임마누엘 라티의 해방신학적인 방법론으로 반송이 한국교회의 혁신을 위해 어떠한 열망을 품었는지, 또 어떻게 교육적 차원과 사회 치료적 차원의 플랫폼을 만들었는지, 그 플랫폼이 어떤 성과를 가졌으며 약점이 무엇이었는지 입체적으로 분석하고 평가하려고 했다.

저자는 반송의 심리전기에서 그를 성공한 영웅으로 그리려고 하지 않았다. 평범하나 누군가의 아픔을 자기의 아픔처럼 공감한 반송, 이를 약자에게 투영하여 이해하고자 노력했던 한 인문학자 반송, 영혼을 사랑한 목사로, 또 사상가로, 기독교적 사회 혁신을 위해 고민한 한 인물을 소개하고자 했다. 반송은 역사의 전환을 이루고자 했던 영웅은 아니었어도 자기의 비전을 이루기 위해 헌신하고 노력했으며, 이 세상에 선한 영향력을 끼치려고 몸부림치는 삶을 살았던 반송은 곧 작은 영웅이다. 이 세상의 발전은 사회 모든 구석구석에서 작은 영웅들이 살아 숨 쉬며 빛날 때, 세상은 아름답고 차분하게 변화해 간다. 그런 의미에서 반송의 삶을 심리전기로 재구성하는 일은 매우 유익하고 성공적인 작업이라 할 수 있다.

반송 고시영 목사 소개

신앙과 인문학을 융합한 목회자, 신학자, 문학평론가

고시영 목사(1944년경 ~ 2023년 3월 13일)는 한국교회의 개혁과 신앙의 지적 성장을 이끈 목회자이자 신학자, 문학평론가, 그리고 기독교 인문학자로 활동한 인물이다. 그의 사역은 목회에만 국한하지 않고, 기독교 신학과 문학, 교육, 사회복지, 정책 연구 등 다양한 분야를 아우르며 한국교회의 미래를 위한 깊이 있는 성찰과 비전을 제시하는 데 집중하였다.

그는 기독교 신앙과 인문학의 접목을 통해 기독교적 사유의 폭을 넓히고자 했으며, 문학과 철학, 사회과학의 통찰을 신앙적 실천과 연결하는 작업을 지속했다. 그의 설교와 강의, 저술은 일반적 교리적 접근을 넘어 시대적 흐름 속에서 기독교가 어떻게 변혁적 임무를 수행해야 하는지를 고민하고, 신앙과 학문의 경계를 허무는 데 중점을 두었다.

고시영 목사는 오랜 목회 활동을 통해 교회 성장과 공동체 활성화를 이끌었으며, 교육자로서 후학을 양성하고 신학교 발전에 기여했다. 또한 대한예수교장로회(통합)의 앞으로 나아가야 할 정책 연구 및 장기적인 발전 계획을 세우는 일에 중요한 역할을 맡아서 충실히 교단의 개혁과 방향성 설정에 앞장섰다. 그는 작금의 한국 교회가 처한 위기의 요인을 분석하고 이를 극복하기 위한 정책적 제언을 담은 다수의 저서를 집필하였으며, 한국교회가 나아가야 할 통찰력 있는 방향을 제공했다.

문학평론가이기도 한 그는 성경과 문학, 신앙과 철학을 접목하는 작업을 수행하여 신자들에게 보다 더 깊이 있는 기독교적 사고를 배양할 수 있도록 이끌었다. 그의 저서들은 신학을 단순히 교리적 차원에서 다루는 것이 아니라, 시대적 상황과 인간 존재의 본질에 대한 탐구를 포함하는 독창적인 시각을 담고 있다.

그는 평생을 한국교회의 신학·실천적 발전과 개혁, 성장을 위한 연구와 정책을 세우는 데 혼신을 경주했을 뿐 아니라 한반도 평화 통일을 위한 기도회와 교회 연합 운동에도 헌신하였다. 기독교적 가치관을 이 사회에 연결시키고자 하는 다양한 활동을 펼쳤는데 신앙이 단순한 종교적 체험을 넘어 실천적 지혜로 작용할 수 있도록 하는 데 집중한 것이었다.

이렇듯 헌신과 노력의 결정체인 고시영 목사의 사역과 저서는 오늘날 많은 목회자와 신자들에게 중요한 신앙적·지적 지침이 되고 있다.

반송 고시영 목사

학력
성균관대학교 국어국문학과 졸업
연세대학교 교육대학원 졸업 (교육학 석사, 문학교육 전공)
장로회신학대학원 졸업 (신학 석사, 목회상담 전공)
서울장신대학교 대학원 졸업 (사회복지학 석사, 사회복지 정책 연구)
서울장신대학교 명예 신학박사

사역 및 경력
목회 및 신학 교육
염광여자상업고등학교 교목: 청소년 신앙교육 지도
도원동교회 부목사: 목회 사역 시작
구의교회 담임목사: 교회 성장과 공동체 활성화 주도
부활교회 설립 및 담임목사 (1991~2015년): 서울 광진구에 개척하여 지역
복음화 기여
서울장신대학교 교수: 기독교 고전 및 설교 수사학 강의
서울장신대학교 이사장: 신학교 발전과 목회자 교육 기여
기독교인문학연구소 설립 및 운영: 신학과 인문학의 융합 연구 주도

교단 및 연합활동
대한예수교장로회 (통합) 정책기획위원장 (4년 연임)
대한예수교장로회 (통합) 장기발전연구위원장
세계한국인기독교총연합회 대표회장
한국교회연합 법률법규위원장
한국기독경제협회 이사장
통일종교포럼 상임회장
신총선교회 이사장
정책 연구 및 교회 개혁 활동

『한국교회 재건 설계도』 저술: 한국교회의 위기 분석 및 60가지 정책적 제언
한국교회의 구조 개혁과 신학교육 개혁 연구
기독교 인문학 강의 및 연구를 통해 신앙과 학문의 융합 추구
한반도 평화통일을 위한 기도회와 교회 연합 운동에 헌신

수상
인돈 문화상 수상 (2017): 기독교 인문학 전파와 한국교회 연합 및 인문학적 성찰을 통한 공로로 한남대학교에서 수여

저서
검인정 중 · 고등학교 성경 교과서
『어느 이상주의자의 편지』(수필집)
『너와 나는 떨어질 수 없어라』(성지순례기)
『책을 통해서 본 세상 이야기』(책 평론집)
『여행을 통해서 본 세상 이야기』(기행문)
『경건훈련』(장년부 성경교재)
『기독교 인문학적 자기성찰』(인문학 예화집)
『성경에 기록된 인문학적 성공 이야기』(수상집)
『인간, 그 100개의 가면』(인문학적 인간 본질론)
『인간, 신이 만든 수수께끼』(서울대학교 추천도서 50권 해설집)

별세와 유산
2023년, 약자와 소외된 자를 위한 목회적 돌봄과 교회 개혁에 헌신한 생애를 마무리함.
고시영 목사는 평생 약자를 보호하고, 교회의 본질을 회복하며, 인문학적 신앙을 전파에 헌신한 그의 삶은 인간에 대한 깊은 연민과 교회를 향한 사랑으로 가득 찬 여정이었습니다.

Eagerness

제1편

반송 고시영 목사
삶의 주된
심리적 주제들

들어가는 말

고시영 목사 심리전기의 첫 번째 파트에서는 고시영 목사 삶의 주된 심리적 주제들을 살펴보고자 한다.

이를 위해 고시영 목사의 방대한 저서를 참고하여 그 책의 텍스트에 나타나 있는 그의 심리적 요소들을 분석하였다. 분석을 위해서는 방대한 텍스트 속의 명사를 단어별로 추출하여 의미 있는 개념을 도출하는 빅데이터 분석 방법을 활용하였다.

연구 대상으로 선정한 책들은 고시영 목사가 저술한 책 중에서 자전적 성격을 띤 다음 9권의 책이다.

저서 목록
- 어느 이상주의자의 편지(수필집, 도서출판푸름, 1991)
- 너와 나는 떨어질 수 없어라(성지순례기, 재동출판사, 1999)

• 책을 통해서 본 세상 이야기(책 평론집, 만남과 말씀, 2008)

• 경건훈련(장년부 성경교재, 도서출판 큰빛, 2012)

• 기독교 인문학적 자기성찰 성경에 기록된 인문학적 성공이야기(인문학 예화집, 서울장신대학교출판부, 2017)

• 여행을 통해서 본 세상 이야기(기행문, 도서출판 큰빛, 2021)

• 인간, 그 100개의 가면(인문학적 인간 본질론, 드림북, 2019)

• 인간, 신이 만든 수수께끼(서울대학교추천도서 50권 해설집, 드림북, 2021)

• 한국교회 재건 설계도(드림북, 2021)

제1장

❦

왜 그의 저서를 분석했는가?

고시영 목사 삶의 주된 심리적 주제는 무엇인가? 이 질문을 풀기 위해 우리는 고시영 목사의 사상과 삶의 이야기가 담겨있는 그의 저서를 연구하기로 했다. 우선 그의 저서에 담겨있는 방대한 텍스트의 의미를 이해하기 위해 텍스트에 사용된 단어를 연구하였다. 저서 속에 어떤 단어가 주로 사용되었는지 분석하는 일은 저자의 심리적 이해를 알아내는 중요한 방법이다.

"어떤 언어를 사용하느냐가 그 사람의 심리를 말해준다."라는 개념은 사람들이 특정 언어를 사용함으로써 그들의 심리적 특성, 사고방식, 문화적 배경 등을 이해할 수 있다는 아이디어를 나타낸다.

이 개념은 언어가 우리가 세상을 인식하고 이해하는 방식을 형성하고 영향을 미친다는 점에서 비롯된다. 예를 들어 사회언어학 (Sociolinguistics)에서는 언어와 사회 간의 상호작용을 연구한다. 특정 언어를 사용하는 것은 종종 그 사람의 사회적 지위, 문화적 배경, 정체성 등을 반영할 수 있다고 본다(John J. Gumperz, 1982). 언어와 사고(Language and Thought)의 개념에서 언어는 사람들이 세상을 인식하고 이해하는 방식에 영향을 미친다고 본다. 이를 '사고의 상대성(The Relativity of Thought)'이라고도 불린다(Benjamin Lee Whorf, 1956). 언어에 따라 특정 개념이나 아이디어를 표현하는 방식이 다를 수 있기에, 언어는 우리의 사고 과정에 직접적인 영향을 준다. 언어와 문화(Language and Culture)의 개념에서 언어는 문화의 중요한 구성 요소이며, 특정 언어를 사용하는 것은 종종 그 사람이 속한 문화와 깊은 연관이 있다고 본다. 언어는 문화적 가치, 관념 및 태도를 전달하고 보존하는 역할을 한다는 것이다(James Stanlaw, Nobuko Adachi, and Zdenek Salzmann, 2014).

이러한 이론과 개념은 언어가 우리의 심리적, 사회적, 문화적 측면에 미치는 영향을 말한다. 따라서 고시영 목사의 저서에 담겨 있는 언어를 연구하는 방법론은 고시영 목사의 개인적인 심리적 특성과 사회적 맥락을 이해하는 데 중요한 단서가 될 수 있다.

✺

제 2 장

연구방법 : 소셜 미디어 빅데이터 감성 분석

'고시영 목사 삶의 주된 심리적 주제는 무엇인가?'를 살펴보기 위해 광범위한 텍스트에서 주요 단어를 도출하는 소셜미디어 빅데이터 방법으로 분석하였다.

1. 분석 도구

본 연구 자료 수집과 분석하기 위해서는 고시영 목사가 저서 9권 속의 광범위한 텍스트를 수집과 분석, 정제와 정형화를 통해 정보를 추출하는 빅데이터 프로그램인 '텍스톰'(textom)을 활용하여 단어 및 감성 분석을 하여 고시영 목사 주된 삶의 주제와 그 의미는 무엇인가?'를 살펴보고자 했다.

2. 분석 개요

텍스트의 분석을 위해 고시영 목사의 9권의 저서를 수집 채널로 하였고, 수집 범위는 텍스트 본문 전체로 설정하였다. 분석 품사는 '일반 명사'로 지정하여 고시영 목사가 저서에서 사용한 최다빈도의 단어를 추출하고자 했다. 분석의 개요는 〈표1〉과 같다. 분석을 위한 수집 채널은 고시영 목사가 직접 저술한 책 9권의 텍스트이다.

〈 표 1 〉 분석 개요

수집 채널	보유데이터 (총 9 권 책의 텍스트)
분석 도구	텍스톰(Textom)
분석대상	보유데이터의 정제 및 편집을 통해 도출한 원문데이터
분석기	Espresso K
분석언어	한국어
정제방법	일반 명사

3. 분석 방법 및 절차

분석의 절차는 첫째, 총 9권의 저서의 텍스트를 수집했다. 둘째, 이 데이터들에 대한 정제 및 편집을 통해 추출한 원문 데이터를 정제 및 데이터 분석하여 단어 분석, 매트릭스 분석, 네트워크 분석, 토픽 분석, 그리고 감성 분석을 실시하였다. 그 결과 총 74,887개의 단어를 추출하였고, 긍정 감성 어휘 490개, 부정 감성 어휘 275개로 총 765개의 감성 어휘를 도출하였다. 이 단어들의 질적 분석을 통해 고시영 목사의 주된 삶의 주제와 감성 단어의 요인을 분석할 수 있다. 그다음 단계로 빅데이터의 분석 결과에 따라 '참여관찰자적 입장'(조항제 외, 2015)에서 저서의 원문 텍스트를 인용하며 단어 및 감성 요인 분석의 결과를 제시하게 된다. 이와 같은 분석 절차는 〈그림 1〉와 같이 정리할 수 있다.

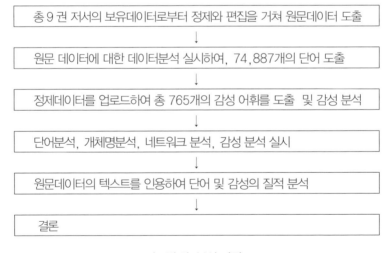

〈그림 1〉 분석 과정

제3장

～

빅데이터 분석 결과

1. 단어 분석

가. 단어 빈도(Term Frequency)

단어 빈도는 단어가 문서 내에서 얼마나 자주 발생하는지 나타내는 척도이다. 단어 발생빈도를 중요도 분석을 거쳐 문서의 주제 또는 문서에 나타난 태도나 감성을 추론할 수 있다. 단어 빈도수가 높을수록 고시영 목사의 9권의 책에 많이 등장하는 단어라는 것을 의미한다. 어떤 단어가 책에 많이 등장한다는 그만큼 그 저자의 관심사라는 것을 의미하기에 단어 빈도수 분석은 중요하다. 상위 1위에서 100위까지의 단어를 부록 〈표1〉로 정리했다.

고시영 목사의 책들에 등장한 단어들 중 가장 많이 등장하고 있는 단어 1위는 바로 '나'이다. 이는 고시영 목사의 많은 관념 중에서 가장 빈도수가 높았던 언어가 '나'이다. 그에게 가장 중요함을 의미한다. 고시영 목사에게 '나'는 그의 삶의 중심에 있었으며, 모든 생각과 경험의 출발점이었다. 고시영 목사에게 다음으로 단어 빈도수가 높은 2위와 3위는 '인간'과 '삶'이다. 고시영 목사의 저술에서 인간이란 단순한 생물학적 존재를 넘어서 깊은 영적, 사회적 의미를 지니는 존재이고, '삶'은 인간이 이 세상에서 경험하고 겪어가는 모든 과정으로 나타나고 있다.

4위와 5위의 단어는 '우리', '사랑'으로 나타났다. 이 단어들은 고시영 목사가 얼마나 그의 삶을 통해 개인이 아닌 공동체의 중요성을 강조했는지 알 수 있다. '가을', '사람' 같은 단어들도 상위권에 랭크 되고 있다. 이 단어들은 '사람'을 좋아하는 고시영 목사가 많이 언급했던 계절이 '가을'이라는 것을 암시하고 있다. 10위까지 올라온 나머지 단어들은 '하나님', '꽃' 그리고 '자연'이다. 이 단어들이 고시영 목사의 책에서 많이 언급되었다는 사실은 그의 삶에서 신앙이 중요했다는 것과 자연의 아름다움과 덧없음을 인식하며 살아왔다는 것을 보여준다.

고시영 목사의 인생은 '나'라는 존재에 대한 고민과 성찰을 중심으로 펼쳐졌다. 그리고 '나'로부터 '우리', '공동체', '하나님'의 개념으로까지 고시영 목사 성찰의 수준이 확장되어갔다.

나. N-gram 분석

'엔그램 분석'은 책 속 문장의 텍스트에서 연속하여 등장하는 단어가 얼마나 많은지, 또 연속해서 등장하는 단어의 쌍은 어떤 것인지를 분석하는 방법이다. 엔그램 분석에 따라 책의 내용에서 한 문장의 동시에 출현한 단어의 쌍을 100개로 도출했고, 부록 〈표 2〉로 정리했다. 예를 들어 1위의 동시 출현 빈도수는 '사랑'과 '벗'이라는 단어 쌍이다. 즉 '사랑'이라는 단어가 나올 때 많은 빈도수로 '벗'이라는 단어가 함께 나온다는 의미이다. 쉰 번째 단어 쌍의 조합을 살펴볼 때 알 수 있는 것은 우선 고시영 목사에게 '사랑'이라는 개념은 '벗'이나 '동지'와 주로 함께 쓰이고 있다는 것을 알 수 있다. 고시영 목사에게 벗이자 동지들이 중요한 대상이었고 이들이 사랑의 대상이었다는 것을 말해준다.

또 중요한 단어 쌍으로 '나'와 '삶', '나'와 '어머니', '나'와 '당신', '나'와 '우리' 등의 조합이 있다. 이 단어 쌍들을 볼 때 고시영 목사는 자기 자신을 중심으로 인생에 대한 고뇌, 공동체에 대한 고뇌를 지니고 살았음을 유추할 수 있다. '인간'과 '삶', '나'와 '길' 그리고 '나'와 '하나님', '삶'과 '신'의 단어 쌍은 고시영 목사가 삶에 대해 깊이 성찰하며 살았음과 그의 삶에서 중심은 신앙이었음을 보여준다. 한편 '나'와 '우울', '눈물', '우울'과 '기분'의 단어 쌍은 고시영 목사가 우울감을 다루고 있었음을 시사한다.

그밖에 '꽃·여름·가을·바람·해바라기·자연' 같은 단어들의 쌍은 자연을 사랑하는 한편 풍부한 감수성을 엿보게 해준다.

고시영 목사가 한국 사회와 교회를 위해 이상을 꿈꾸고 고민했음을 보여주는 단어 쌍으로는 '우리'와 '시대', '이상'과 '실현' '인간'과 '양심' 같은 단어 쌍이다.

다. TF‒IDF(Term Frequency‒Inverse Document Fre-quency) **분석**

단어의 빈도와 역문서 빈도를 사용하여 문서 내의 각 단어에 가중치를 부여하는 것으로, 어떤 단어가 문서 내에서 얼마나 중요한 역할을 하는지를 평가한다. TF‒IDF 값이 높은 단어는 문서 내에서 핵심적인 메시지를 담고 있을 확률이 높다. 분석을 통해 1위에서 100위까지 〈표3〉으로 제시했다.

고시영 목사가 책에서 사용한 단어 중에서 가장 중요한 것으로 나타난 단어는 바로 '나'이다. '나'라는 단어는 위에서 말했듯이, 빈도수 1위의 단어이고, 또한 가중치가 가장 높은 단어이기도 하다. '나'라는 개념은 고시영 목사의 문서에서 가장 높은 영향력 높은 단어라는 의미이고, 이는 그에게 가장 많은 영향력을 끼친 단어가 바로 '나'에 대한 고민이었음을 말해준다.

그밖에 고시영 목사가 자주 사용했던 단어의 순서는 '인간·삶·우리·사랑'이다. 이 단어들을 볼 때 고시영 목사는 그가 저술한 책들 전반에 걸쳐 '나는 누구인가?'라는 실존적인 질문을 바탕으로 자아와 개인의 존재에 대해 깊이 성찰해 왔음을 알 수 있다.

고시영 목사에게 '나'의 존재에 관한 질문은 '인간은 누구인가? 인간의 삶이란 무엇인가?'라는 자신의 성찰로 확장되었다. 그에게 인간은 개인을 넘어 공동체 속의 존재이다. 이 개념은 '우리'라는 단어에 담겨있다. 또한 '사랑' 단어가 문서 내에서 중요한 역할을 하는 단어로 나왔는데, 이는 고시영 목사가 저술한 문서 내에서, 인간관계의 본질로서 중요한 것은 바로 '사랑'이었음을 시사한다.

라. 시각화 워드클라우드

중요한 단어들을 중심으로 시각화한 결과는 다음 〈그림1〉과 같다. 고시영 목사의 모든 저술에서 '나'라는 단어가 가장 중요한 단어이기 때문에 가장 크게 표시된 것을 알 수 있다.

〈그림 1〉 중요 단어 시각화 결과

2. 개체명 인식(Named Entity Recognition) 분석

개체명 인식 분석이란 미리 정의해 놓은 개체명을 문서에서 인식하여 추출, 분류하는 기법이다. 텍스톰에서는 사람에서부터 용어에 이르기까지 14개의 개체명을 인식하여 제공한다. 이들 중에서 고시영 목사의 텍스트를 통해 도출한 개체명은 기관명, 날짜, 대상물, 동물, 문명, 대상, 시간 그리고 지역명으로 총 8가지이다. 이 분석을 통해 고시영 목사가 이런 개체 중에서 어떤 것을 가장 중요하게 여기며 살아왔는지를 이해할 수 있다.

가. 기관

고시영 목사의 텍스트에 나타난 기관명들과 그 기관명이 등장한 횟수는 한국교회가 250건, 로마가 134건, 예루살렘이 92건, 이스라엘이 42건, 뉴욕이 23건, 나폴리 10건 등으로 1위부터 29위의 기관명이 나타났으며 이 내용은 부록의 〈표 4〉로 정리했다. 29개의 기관명 중에서 한국교회, 교회, 기독교, 예루살렘 등의 종교적 범주가 가장 많이 등장했던 기관명이었다.

이것으로 볼 때 고시영 목사가 평생 가장 중요하게 생각했던 기관은 '한국교회'였다는 것을 이해할 수 있다. 두 번째로 많았던 기관은 로마, 뉴욕, 서울, 워싱턴 등의 지명으로서 고시영 목사가 여행을 좋아했다는 것을 알 수 있다. 특히 로마는 '예루살렘'이라는 기관명과 함께 기독교 유적지에 대한 그의 관심을 시사해 준다.

나. 날짜

고시영 목사의 문서에 나타난 날짜들과 등장한 횟수는 '가을' 61건, '여름' 32건, '봄' 26건, '오늘' 14건, '여름날'이 1건으로 1위부터 30위까지의 날짜가 나타났으며 이 내용은 부록의 〈표 5〉로 정리했다.

날짜와 관련한 개체명으로 살펴볼 때 고시영 목사는 계절로는 '가을'을 좋아했다는 것, 그리고 시간으로는 '오늘'을 중요하게 여겼음을 알 수 있다. 그는 인생의 황혼기를 의미하는 '가을'을 성찰했고 동시에 '오늘'이라는 지금의 시간을 중요하게 여기며 살았음을 알 수 있다.

다. 환경

고시영 목사의 텍스트에 나타난 대상물과 등장한 횟수는 '고속도로' 2건, '일' 1건, '오작교' 1건 등 1위부터 12위까지의 대상물의 개체명이 나타났으며 이 내용은 부록의 〈표 6〉으로 정리했다. 가장 많이 등장한 대상물 '고속도로'는 그의 인생 내내 역동적으로 달려왔다는 사실을 암시하고 있다.

라. 동물 관련 개체명

고시영 목사의 텍스트에 나타난 동물 관련 개체명이 등장한 횟수는 '눈' 20건, '얼굴' 8건, '가슴' 6건, 그리고 '어깨' 1건 등 1위부터 22위까지의 동물 개체명이 나타났으며 이 내용은 부록의 〈표 7〉로 정리했다. 고시영 목사는 인간의 모습 중에서 의사소통과 내면을 상징하는 '눈'을 가장 중요하게 언급하고 있었다.

마. 문명

고시영 목사의 텍스트에 나타난 문명 관련 개체명이 등장한 횟수는 '어머니' 54건, '여인' 15건, '아들' 11건, '지도자' 2건 등 1위부터 30위까지의 문명 개체명이 나타났으며 이 내용은 부록의 〈표 8〉로 정리했다. 고시영 목사에게 중요했던 사람은 누구였을까? 바로 '어머니·여인·아들' 그리고 '지도자'의 순서로 나타났다. 그에게 어머니의 존재는 가장 소중하고 중요한 대상이었음을 알 수 있다. 또한 '지도자'에 대해서도 많이 성찰해 왔음도 알 수 있다.

바. 대상

고시영 목사의 텍스트에 나타난 대상 관련 개체명이 등장한 횟수는 '하나님' 36건, '예수' 8건, '이스마엘' 5건, 그리고 '성춘향' 1건 등 1위부터 12위까지의 문명 개체명이 나타났으며 이 내용은 부록의 〈표9〉로 정리했다. 이 단어들은 고시영 목사는 기독교 신앙 대상에 대한 집중도가 높았다는 것을 의미한다. 이스마엘이라는 대상은 성경에서 기득권에서 멀리 벗어나 억압받았던 인물을 상징하는데 이 단어로 고시영 목사가 억압받은 사람들에 관한 관심이 매우 높았음을 시사해 준다.

사. 지역

고시영 목사의 텍스트에 나타난 지역 관련 개체명이 등장한 횟수는 '한국' 5건, '양수리' 5건, 이스라엘' 4건, '제주도' 1건 등 1위부터 30위까지의 지역 개체명이 나타났으며 이 내용은 부록의 〈표11〉로 정리했다. 그는 '한국' 그리고 '이스라엘'을 관심 있게 많이 언급하고 있는데, 이는 자신의 조국과 기독교 성지에 관한 관심과 애정이 컸음을 의미한다. 또한 남한강과 북한강이 만나는 두물머리 '양수리'라는 지역명은 여행자의 멋을 엿보게 해준다.

3. 네트워크 분석

가. 단어 중심성

네트워크 분석을 통해 가장 중심이 되는 단어를 추출할 수 있다. 중심이 되는 단어는 연결 정도와 단어와 단어 사이의 근접도 수치가 다른 단어들보다 상대적으로 크다. 분석 결과 '나', '인간', '삶', '사랑', '가을', '사람'의 순서로 문서 내에서 중요하고 영향력 있는 단어로 나타나고 있었다. 이 결과를 〈표 12〉로 제시하였다. 고시영 목사의 삶에서 '나 자신'을 중심으로 인간, 삶, 사랑의 주제가 중요하게 펼쳐지고 있다. 인생의 황혼기를 의미하는 '가을'이라는 단어와 '사람'에 대한 성찰이 중요하게 다루어지고 있었다.

나. 군집 분석

군집 분석은 동시에 출현하는 단어 사이의 관계를 분석하여 유사한 위치에 있는 단어들을 군집(블록)하는 기법이다. 분석을 통해서 총 6개의 개념 범주가 도출되었다. 이 내용을 〈표 13〉으로 제시했다. 이 범주의 개념들은 고시영 목사의 삶에서 중요했던 개념들을 정리해서 수평적으로 볼 수 있게 해준다. 이 범주 분석을 볼 때 고시영 목사의 삶에서 중요했던 것들은 '인간·인간관계·자연·문학·부활·존재·벗·성경' 등의 개념들이었다는 것을 알 수 있다.

다. 시각화 결과: 네트워크 차트

위의 군집 분석을 통해 도출된 군집 단어들을 차트로 제시하면 아래 그림과 같다.

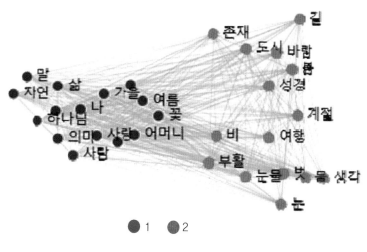

〈그림 2〉 군집 2개 단어 차트

4. 감성 분석

가. 문서 감성 종합

　고시영 목사는 인생을 살면서 과연 어떤 감성을 많이 느끼면서 살아왔을까? 기쁨, 사랑 같은 긍정적 감성을 많이 느꼈을까? 아니면 고통이나 슬픔 같은 부정적 감성을 많이 느끼며 살아왔을까?

　고시영 목사의 책을 분석하여 그의 감성을 파악할 수 있다. 감성 단어들을 도출한 결과 전체 빈도는 2,198건이며, 이를 100%로 본다. 이 중 긍정적인 경우는 1,543건으로, 전체의 70.2%를 차지한다. 중립적인 경우는 305건으로, 전체의 13.88%를 차지한다. 부정적인 경우는 350건으로, 전체의 15.92%를 차지한다. 즉 고시영 목사의 감성은 긍정적인 감성이 70.2%, 부정적 감성이 15.92%로 고시영 목사는 인생에서 긍정적인 감성을 훨씬 많이 느끼면서 살았다는 것을 알 수 있다. 이 내용은 〈표14〉로 나타냈다.

이 감성 분석의 빈도를 감성 빈도를 차트로 시각화한 결과는 다음 〈그림 3〉과 같다.

〈그림 3. 감성 분석 빈도 시각화〉

나. 감성 어휘 분석

빅데이터 분석 프로그램인 'TEXTOM'에서 제작한 감성 어휘 사전을 바탕으로 단어를 분류하여, 빈도와 감성 강도를 계산했다. 감성 강도란 그 느낌을 느낄 때 얼마나 강렬하게 느끼는가 하는 개념이다. 고시영 목사의 감성 강도 분석 결과 긍정적인 감성을 느끼는 비율이 64.05%이었는데, 이때 감성 강도 비율은 61.55%로 강도 비율이 더 낮음을 알 수 있었다. 이 수치는 긍정적인 감성을 느끼기는 하지만 강도는 약했다는 것을 의미한다. 한편, 부정적인 감성의 경우에는 빈도 비율은 35.95%인데 반하여, 감성 강도 비율은 38.45%로 더 높게 나타났다. 즉 고시영 목사는 인생에서 긍정적인 감성을 훨씬 더 많이 느끼며 살아오긴 했지만, 때로 부정적인 감성을 느낄 때 그 강도가 꽤나 강렬했었다는 점을 말해준다. 이 내용을 〈표15〉로 제시했다.

1) 긍정 감성 키워드

그렇다면 고시영 목사가 느끼며 살아왔던 긍정 감성들은 구체적으로 어떤 감성들이었을까? 다음에서 살펴본다.

a. 호감

고시영 목사가 느끼며 살았던 긍정 감성 중에 '호감'의 범주에 포함된 감성들은 '사랑스럽다' 118건, '자연스럽다' 59건, '친절하다' 1건으로 총 54개의 형용사로 추출되었다. 자세한 내용은 〈표 16〉으로 제시했다. 고시영 목사는 인생을 살아오면서 다양한 호감의 감성 중에서 '사랑스러움·낭만적·좋아함·만족함·따뜻함·경건함·고마움·포근함·편함·친절함·정겨움' 같은 호감의 감성을 느끼며 살아왔다.

또 '아름다움·조화로움·화려함·창조적임·어울림·예쁘다·보기 좋다' 등의 형용사들을 볼 때 고시영 목사는 미적이고 심미적인 감성도 많았음을 알 수 있다.

고시영 목사가 사람에게 호감을 느끼는 특성은 '자연스럽다·현대적·완전하다·아담하다·성숙하다·소박하다·풍성하다·유연하다·적합하다·적절하다·우수하다·완벽하다·안정적이다·신속하다·신선하다·순결하다·말끔하다·뛰어나다·넉넉하다·특출나다' 같은 부분이었음이 분석을 통해 발견되었다.

b. 흥미

고시영 목사의 책에서 흥미와 관련되어 도출된 키워드는 '새롭다·신비롭다·원하다·갈망하다' 등 8개의 형용사이다. 그 내용을 〈표 17〉로 제시했다. 즉 고시영 목사는 새롭고 신비로운 대상에 대해서 갈망하고 원하며 살아왔음을 알 수 있다.

c. 기쁨

고시영 목사의 책에서 기쁨과 관련되어 도출된 키워드는 '웃다' 14건, '기쁘다' 11건, '설레다' 1건으로 11개의 형용사이다. 이를 〈표 18〉로 제시했다. 고시영 목사의 기쁨의 감성은 구체적으로 '기쁘다·감동이다·감사하다·행복하다·감격하다·즐겁다·최고다·신명나다·설레다'로써 표현했음을 알 수 있다. 또한 그가 기쁨을 표현한 행동 표현은 '웃다'와 '빙그레'였다. 즉 그는 빙그레 웃으며 기쁨을 표현했다.

2) 부정 감성 키워드

그렇다면 고시영 목사는 어떤 부정적인 감성을 느끼며 살아왔을까? 다음에서 살펴본다.

a. 슬픔

고시영 목사는 때로 슬픔을 느꼈다. 이 슬픔의 감성과 관련되어 도출된 키워드는 '울다' 28건, '우울하다' 24건, '포기하다' 1건으로 총 32개의 형용사이다. 이를 〈표 19〉로 제시했다. 이 형용사들을 특징에 따라 두 개의 범주로 다음과 같이 분류할 수 있다.

첫 번째 범주는 감정 및 심리적 상태 관련해서 느낀 슬픔의 내용이다. 구체적으로 고시영 목사는 '우울하다·외롭다·슬프다·근심스럽다·고독하다·그리워하다·쓸쓸하다·허무하다·초라하다·처절하다·괴롭다·비참하다·애도하다·상실감·후회하다·음울하다·원통하다·낙심하다·안타깝다·안쓰럽다·각박하다·가슴 아프다·불행하다'라는 어휘가 슬픔의 내용이다.

두 번째 범주는 슬픔에 대해 어떤 행동으로 반응했느냐의 범주이다. 고시영 목사는 슬픔 표현 방식은 '울다·울부짖다·절망하다·절규하다·한숨짓다·탄식하다·좌절하다·절절하다·절실하다·포기하다'로 나타났다.

b. 두려움(fear)

고시영 목사가 느꼈던 두려움 감성과 관련되어 도출된 키워드는 '주의' 24건, '불안' 8건, '초조하다' 1건이었다. 그 내용을 〈표 20〉로 제시했다. 보다 구체적으로 고시영 목사의 두려움 감성의 종류는 '불안·공포스럽다·무섭다·긴장되다·초조하다'였고, 이 감성은 '주의하고' '걱정하는' 방식으로 표현되었음을 알 수 있다.

c. 통증(pain)

통증과 관련되어 도출된 키워드는 '아프다' 8건, '답답하다' 2건, '고통스럽다' 1건으로 4개의 형용사이다. 그 내용을 〈표 21〉로 제시했다. 고시영 목사는 때로 '고통과 아픔'을 느꼈는데 이 통증은 주로 '답답한 신체적 상황'을 경험하는 것으로 나타났다.

d. 거부감(disgust)

고시영 목사가 느꼈던 부정적 감성 중에서 '거부감'과 관련되어 도출된 어휘는 '어렵다' 6건, '부족하다' 4건, '유치하다' 1건으로 14개의 형용사이다. 이 내용을 〈표 22〉로 제시했다. 이 형용사들로 살펴볼 때, 그가 거부감을 느꼈던 특성이나 상태는 '어렵거나 부족한 상황', '부끄럽거나 더러운 상황', '약하거나 못나고 이상한' 상황들이었다. 또한 '차가운' 온도나 상황에서 거부감을 느꼈다.

e. 분노(anger)

고시영 목사의 분노감과 관련되어 도출된 키워드는 '밉다' 3

건, '멸시당하다' 2건, '분노하다' 1건으로 10개의 형용사이다. 그 내용을 〈표 23〉로 제시했다. 분노 관련 감성 단어들로 볼 때 고시영 목사가 어떤 때 분노를 느꼈는지를 유추할 수 있다. 즉 '멸시당하고, 무시당하고, 야박한 상황, 격해지는 상황, 파괴적인 상황'에서 그는 분노를 느꼈음을 알 수 있다.

f. 놀람(fright)

그밖에 놀람과 관련되어 도출된 키워드는 '놀랍다' 2건으로 〈표 24〉로 제시했다.

3) 세부 감성 전체 빈도수

이상의 내용들의 전체 세부 빈도수를 살펴보면 '호감(good feeling)'이 374건으로 가장 많다. 다음으로 '슬픔(sadness)' 166건, '기쁨(joy)' 70건, '두려움(fear)' 48건, '흥미(interest)' 46건, '거부감(disgust)' 33건, '통증(pain)' 13건, '분노(anger)' 13건으로 나타난다. '놀람(fright)'은 2건으로 가장 적은 빈도수를 보인다. 이를 〈표 25〉로 제시했다. 즉 고시영 목사의 인생에서 전체적인 감정은 '호감, 슬픔, 기쁨, 두려움'의 순서로 나타났다. 고시영 목사 인생에서 좋은 감정도 많이 느꼈지만, 그에 못지않게 슬픔과 두려움도 경험하였음을 알 수 있다. 또한 이 감성 어휘들을 시각화하여 다음의 〈그림 4〉로 표현할 수 있다. 이 그림을 보면 고시영 목사의 전체 인생에서 감정은 긍정의 감정이 64.05%로 부정 감정 35.95%보다 훨씬 높았음을 알 수 있다.

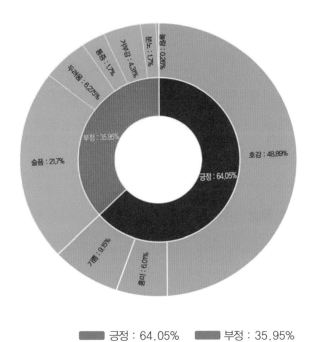

〈그림 4. 감성 어휘 시각화〉

제4장

빅데이터 분석으로 본
고시영 목사 삶의 심리적 주제들

1. 정체성의 주제 : 나, 삶, 인간

'나는 누구인가?'라는 정체성에 관한 질문이다. 우리가 한 번쯤 은 나 자신에게 던져보았을 물음이다. 이 개념은 정체성에 대한 고 민을 중심으로, 인간이 자신의 존재와 삶의 의미를 어떻게 이해하 고 확립하는지를 탐구하는 데 중요한 역할을 한다. 특히 이 질문은 고시영 목사의 책에서 도출된 키워드인 '나·삶·인간' 세 가지 핵 심 키워드와 밀접하게 연결되어 있다.

먼저 '나'라는 키워드는 에릭 에릭슨(Erik Erikson)의 정체성 이론에서 중요한 위치를 차지한다. 에릭슨은 청소년기가 정체성을 확립하는 중요한 시기라고 보았으며, 이때 개인은 자신이 누구인지, 어떤 가치를 가지고 있는가 탐색하게 된다. 이 과정에서 성공적으로 자기 정체성을 확립하지 못하면 역할 혼란을 겪게 되며, 이후 성인기로의 전환에 어려움을 초래할 수 있다. 에릭슨의 이 이론은 청소년기에 정체성 확립이야말로 개인의 심리적 안정과 사회적 적응에 필수적이라는 점을 강조한다.

폴 틸리히(Paul Tillich)는 실존주의적 관점에서 '나', '삶' 그리고 '인간'의 의미를 깊이 탐구하였다. 그의 저서 《The Courage to Be》에서 "인간은 존재의 본질과 정체성을 탐구하게 되는데 자신과 삶의 의미를 찾는 과정에서 불가피하게 마주하게 되는 불안과 절망"에 대해 논했다. 그는 이때 자신을 진정으로 이해하고 받아들이는 것이 중요하다고 보았다.

특히 틸리히는 '삶'의 불확실성과 변화 속에서 개인이 정체성을 발견하는 과정에 주목했다. 삶은 끊임없이 변화하며, 이 과정에서 우리는 자신의 정체성을 재발견하고 재정의하게 된다고도 했다. 또 인간 존재의 본질에 관한 그의 탐구는 우리가 직면하는 불완전성과 존재적 불안을 이해하고, 이를 통해 진정한 의미와 목적을 찾는 과정이 얼마나 중요한지에 대해 강조했다.

가. 나는 누구인가?: 목회자로서의 소명과 책임감을 중심으로 형성된 정체성

고시영 목사에게 '나는 누구인가?'라는 질문은 결국 이러한 정체성 탐구의 여정과 깊이 맞닿아 있다. 이는 그가 '나' 자신을 어떻게 이해하고, '삶' 속에서 어떤 의미를 찾아가는지, 그리고 '인간'으로서 본질적인 존재의 문제를 어떻게 받아들이고 해결해 나가는지를 끊임없이 묻고 탐구했음을 나타낸다.

고시영 목사에게 가장 중요했던 단어와 개념은 '나'이다. '나' 키워드가 포함된 문장들을 다시 세분화하여 범주화할 때 '자신의 인생 목표', '교회와 공동체 활동', '영적이고 종교적인 지도 활동'의 3개의 주제로 도출할 수 있다. 즉 고시영 목사는 '내가 누구인가?'라는 정체성의 질문 앞에서 자신을 교회, 종교, 공동체 및 신앙과 결부한 삶의 소명자로서 인식하고 있었다.

고시영 목사의 정체성은 교회와 신앙 공동체를 세우고 하나님께 영광을 돌리며, 바른 신앙생활을 통해 교인들을 하나님께 가까이 이끄는 데 헌신하는 목회자로서의 사명감과 책임감을 중심으로 형성되었다. 그는 1995년 부활교회를 개척한 이후 교회를 섬겨오면서 자신의 사명과 책임을 깊이 느꼈다고 진술하고 있다. 그에게 있어서 교회가 자신의 중심이었고 교회를 통해 하나님께 영광 돌리는 일이 자신의 인생 목표라 말하고 있다(『여행을 통해 본 세상이야기』 p.34~35). 그는 이 목표를 위해 평생 노력했다.

  '교회와 공동체 활동'은 그의 정체성 확립에서 중요개념이다. 그는 교
  회 공동체를 건축과 노회 활동을 통해 더욱 성장시키고자 했다. 성전
  을 건축하고 다른 교회들과의 활발한 교류를 통해 더 큰 공동체로 교
  회의 개념을 확장시켜 나가는 것이 그에게 중요했다. 노회에 가입한
  다는 것은 다른 교회들과 함께 신앙생활을 하면서 공동체가 확장된
  다는 것을 의미했다. 그에게 있어 '교회는 단순한 건물이 아니라 신앙
  공동체'였다. (『경건훈련』 p.27~29)

  또한 '영적이고 종교적인 지도 활동'도 그의 정체성을 구성하는
개념이다. 그는 성경의 가르침에 따라 교회를 운영하며, 교인들에
게 올바른 신앙교육을 제공하는 것을 자신의 삶의 목표로 삼아왔
을 정도로 진리를 가르치는 교사로서의 정체성을 갖고 있었다. 그
는 '하나님께 영광을 돌리는 교회는 바른 교인들이 모여 신앙생활
을 하고, 성경의 가르침을 따라 교회를 운영해야 하며, 인생 가이
드라인으로서 성경을 따라야 한다'라고 말했다(『경건훈련』
p.2~3). 그는 영성과 종교적 가르침을 자신의 목회자로서 삶에서
중요한 소명으로 인식했다.

나. 삶이란 무엇인가? : 삶은 '고독·고통·희망' 그리고 '경건과 신앙의 과정'

'삶은 무엇인가?'라는 질문은 인간이 자신의 존재와 삶의 의미를 어떻게 이해하고 받아들이는지를 깊이 탐구하는 물음이다. 이 개념은 고시영 목사의 '삶'이라는 키워드와 밀접하게 연결되어 있으며, 이는 인간이 자신의 본질을 발견하고 진실하게 살아가는 과정을 설명하는 데 중요한 역할을 한다. 고시영 목사는 삶을 고독한 것으로 보았다. 고독할수록 진실할 수 있다는 것이다.

> 고독한 사람이야말로 사실상 가장 의미 있게 삶을 가꾸어 나아가는 사람이기 때문입니다. (『너는 나와 떨어질 수 없으리라』 p.93)

이와 관련하여 '고독한 사람이 진실하게 산다'라는 개념을 제시한 심리학자로는 롤로 메이(Rollo May)가 있다. 롤로 메이는 실존주의 심리학자로서 인간의 불안·고독·진실성에 대한 깊이 있는 통찰을 제시했다. 그는 "인간이 고독과 마주하면서 어떻게 자신의 진정한 자아를 발견하고, 진실하게 살아갈 수 있는가"에 관하여 탐구하는 데 중점을 두었다.

롤로 메이는 그의 저서 『Man's Search for Himself』에서 "현대 사회에서 인간이 경험하는 고독과 불안을 논의하며, 이러한 경험이 인간이 진실하게 자신을 발견하고 살아갈 수 있게 한다."라고 했다. 또 "고독을 두려워하지 않고 직면할 때, 인간이 자신의 진정한 본질과 가치를 발견할 수 있다."라고 했다.

빅터 프랭클(Viktor Frankl)도 "고통도 그 나름대로 힘이 될 수 있으며 인간은 고통 속에서 더 깊은 삶을 체험할 수 있다."라고 말했다. 또 그는 "고통을 피할 수 없는 상황에서 '고통 그 자체가 삶의 의미를 찾는 중요한 요소가 될 수 있다."라고도 했다.

인간이 고통을 어떻게 받아들이고 대처하느냐에 따라 삶의 깊이가 달라질 수 있고, 자기 자신의 한계와 본질과도 직면하게 되며, 이를 통해 더 깊은 삶의 통찰과 성장을 경험할 수 있다는 긍정적 이론이다. 인간은 고통을 겪어내는 동안 자기 자신의 존재에 대한 더 깊은 이해와 강인함을 얻게 된다.

결국, 고시영 목사도 '삶은 무엇인가?'라는 질문을 통해 '고독과 고통을 통한 삶의 의미'를 찾고자 했던 것 같다. 고독할수록 진실되고, 고통스러울수록 희망을 찾으려 했던 그의 몸부림이 그의 책 속에 나타난다.

고시영 목사의 문서 중에서 '삶' 키워드가 포함된 문장들을 범주화할 때 '삶의 성찰·고통과 희망·경건과 신앙의 과정'의 3개의 주제를 도출할 수 있었다. 즉 고시영 목사에게 삶이란 '고통과 희망

그리고 경건과 신앙의 과정'이었다.

구체적으로 살펴보면 우선 그는 삶을 매우 '진지하게 성찰'했음을 알 수 있다. 그는 삶을 '신비하고, 무한하고, 의미 있고, 간절하고, 고독한'(『너는 나와 떨어질 수 없으리라』 p.93) 것으로 여겼으며, '삶을 살 때는 꾸밈 없이 충실하게 실천하며 살아야 한다'고 말했다.(『독백과 편지 그리고 여행』 p.60).

고시영 목사에게 삶은 '고통과 희망'이었다. 그는 고난도 기쁘게 받아들이는 희열의 삶을 살았다.

> 고통도 그 나름대로 힘이 될 수 있으며 인간은 고통 속에서 더 깊은 삶을 체험할 수 있다는 것을 터득한 사람인 것입니다. (『어느 이상주의자의 편지』 p.263)

> 그에게 삶은 '자연스레 떨어지는 단풍잎', '이기고 지는 비정한 삶의 현장이 아니라 같이 살고, 같이 죽는 공감의 세계'이자, '절망 뒤에 오는 희망과 긴 밤을 지새운 뒤 새벽녘에 얻어지는 하나님이었다. (『어느 이상주의자의 편지』 p.115)

고시영 목사의 삶은 '경건과 신앙의 과정'이었다. 인생의 광야와 산 그리고 사막을 통해 배워가는 과정이 바로 그의 삶이었다. 그는 고통을 통해서 가장 중요한 기쁨을 찾는 삶의 여정이었다.

> 예수님은 공생애를 시작할 때 시험을 받으셨고, 그의 삶을 마무리할
> 때도 역시 시험을 받으셨습니다. 사랑하는 벗이여! 시험이 당신에게
> 주어졌다고 해서 너무 두려워하지는 마십시오. 이제 우리도 진실한
> 삶을 살아야 하겠습니다. (『어느 이상주의자의 편지』 p.198~199)

그에 의하면 우리가 신앙 안에 있다면 아무것도 두려워할 것 없
는 삶이다. 결국에 삶은 '환상의 무도회'가 될 것이다.

> 당신이 준 그 나팔을 가지고 하늘을 향해 외치는 날, 분명 바다는 환
> 상의 무도회가 될 것입니다. 왜냐하면, 그것은 분명 삶의 기쁨을 노
> 래하는 신앙고백일 것이기 때문입니다. (『어느 이상주의자의 편지』
> p.115)

고시영 목사에게 삶은 무엇일까. 깊은 고통의 체험과 그를 통해
얻은 희망, 광야에서 경건의 춤을 추는 기쁨, 고독할수록 진실한
삶의 의미를 찾아내는 과정이었다.

다. 인간이란 무엇인가? : 불완전하지만 믿음을 통해 구원을 얻는 존재

고시영 목사에게 인간이란 어떤 개념이었는지를 알기 위해서, '인간' 키워드가 포함된 문장들을 범주화했다. 이로써 '인간의 본성과 약점', '인간의 희망과 성취', '인간의 관계와 사회적 역할', '인간의 영성과 신앙'의 4가지 개념을 도출하였다. 즉 고시영 목사에게 인간은 '본성적으로 약점 있는 존재'이지만, '희망으로 성취'를 이루며 '신앙으로 구원 얻고 영성으로 나아가는' 존재이다.

> 인간의 본성과 약점에 대해 논의할 때, 인간은 불완전한 존재로서 다양한 약점과 죄를 가지고 있으며, 이를 극복하는 데 있어 믿음이 중요한 역할을 한다는 점을 강조할 수 있다. 인간의 의견이나 감정은 비록 소중하지만, 약점을 가지고 있기 때문에 믿음을 통해 이러한 약점을 극복하고 구원을 얻는 것이 필요하다. 인간은 고난 속에서 자신의 약점과 싸워야 하며, 이 과정에서 믿음은 구원을 얻는 중요한 여정이 된다. (『경건훈련』 p.28)

위의 문장에서 보듯이 고시영 목사의 인간에 대한 인식은 "인간이 불완전한 존재로서 약점과 죄를 가지고 있지만, 믿음을 통해 이를 극복하고 구원을 얻을 수 있다."라고 보았다. 즉 인간은 죄성을 지닌 비관적 존재이지만, 그럼에도 하나님으로 인한 희망의 존재이다. 『인간-그 100개의 가면』에서 그는 인간을 하나님이 만든 최고의 걸작품으로 칭송했다.

인간은 하나님이 창조한 모든 만물 중에서 최고의 걸작으로 간주 되며, 이로 인해 인간은 사랑받고 사랑할 수 있는 축복을 받았다. 하나님의 걸작으로서 인간은 자신의 포부와 꿈을 통해 위대한 성취를 이루고, 창의성과 혁신을 발휘하여 예술과 과학의 발전을 이끌어 왔다. 이러한 성취는 인간이 하나님의 사랑 속에서 자신의 가능성을 실현해 나가는 과정을 보여준다. (『인간, 그 100개의 가면』 p.315)

고시영 목사는 "인간은 하나님의 최고 걸작으로 창의성과 혁신을 발휘하여 성취를 이루며, 사회적 관계와 공동체 속에서 성장하고 회복된다."라고 믿었다. 또한, 인간의 영성과 신앙이야 말로 불완전 존재인 인간이 삶의 의미와 목적을 찾고 구원의 길로 나아갈 수 있는 은혜라고 보았다.

결국, 인간의 영성은 삶의 의미와 목적을 찾는 데 있어서 핵심적인 역할을 하며, 이를 통해 인간은 자신의 존재에 대한 깊은 이해와 강인함을 얻을 수 있다. (『100개의 가면』 p.5~6)

2. 친밀성의 주제 : 우리, 사랑, 당신, 벗, 가면

에릭 에릭슨(Erikson, 1950, 1968)의 심리 사회적 발달 이론에서 '친밀성(Intimacy)'의 개념은 성인 초기, 주로 20대에서 30대 초반에 해당하는 발달 과제이다. 에릭슨은 인간은 평생 8단계의 심리 사회적 발달 단계를 거치는데 각 단계에서 특정한 심리 사회적 도전에 직면한다고 주장했다. 이 중 여섯 번째 단계인 '친밀성 대 고립(Intimacy vs. Isolation)'은 성인 초기에 중요한 역할을 한다고 했다.

에릭슨은 '친밀성'을 두 사람 상호 간에 깊은 정서적 관계를 형성하고 유지하는 능력으로 정의했다. 이 단계에서 개인은 자신을 타인에게 열고, 깊은 신뢰와 애정을 바탕으로 한 친밀한 관계를 형성해야 한다. 성공적으로 친밀성을 형성한 사람들은 사랑과 헌신이 있는 관계를 맺게 되며, 이는 결혼, 친구 관계, 동료 관계 등 다양한 형태로 나타난다. 반면, 이 과정에서 실패하면 개인은 고립을 경험하게 된다. 고립은 타인과의 관계 형성에 실패하거나, 관계를 피하려는 상태를 말하며, 이는 결국 외로움과 심리적 고립을 초래할 수 있다. 따라서 친밀성의 형성은 성숙한 사랑과 관계의 기초를 다지는 데 필수적이며, 실패는 고립과 외로움으로 이어질 수 있다고 하였다.

이런 의미에서 고시영 목사의 '친밀감'의 삶을 살펴보았다. 친밀감과 관련된 단어 '우리·사랑·당신·벗·가면'의 키워드를 분석하여 '우리와 자연', '우리와 하나님', '우리의 가면', '친구와 벗' 등 4개로 범주화했다. 구체적으로 살펴보면 다음과 같다.

가. '우리'는 자연이다

고시영 목사의 책에 '우리'와 '자연'의 개념이 함께 등장하는 내용을 볼 때 그는 자연의 존재로서 우리 인간을 바라보고 있었음을 알 수 있다.

> 그 쓸쓸하고 애처로우면서도 뭔가 표현키 어려운 신비가 감도는 계절이요, 죽어가는 계절입니다. 바람 부는 가을 들판에서 우리는 우리 삶의 신비를 터득했습니다. (『어느 이상주의자의 편지』 p.234)

쓸쓸하고 죽어가는 계절인 가을처럼 우리 존재도 그와 같이 죽어가는 존재이지만 그 속에서 신비와 아름다움을 느끼고 있다.

나. 우리는 하나님 안에 있는 존재이다.

> 하나님과 인간은 신비한 존재이다.(『인간, 그 100개의 가면』 p.6)

위 문장에서 고시영 목사는 '인간을 하나님과 비슷한 신비한 존재'로 표현한다. 그에게 하나님과 인간은 동질성을 지닌 친밀한 관계이다. 이처럼 그는 하나님과의 친밀한 사랑을 많이 느끼며 살았다.

> 사랑하는 벗이여! 그 새벽이 저만큼 다가오는 이 깊은 가을밤에 나는
> 하나님의 사랑을 느낍니다. (『어느 이상주의자의 편지』 p. 230)

또한 인간의 삶은 하나님과 떨어지려야 떨어질 수 없는 삶이고 하나님의 손에 달려있는 존재이다.

> 우리의 삶은 하나님의 손에 달려 있습니다. (『너와 나는 떨어질 수
> 없으리라』 p.299)

이처럼 고시영 목사에게 친밀한 대상은 우선적으로 하나님이었다. 하나님과의 친밀한 관계가 있은 후에야 인간관계에서도 서로 사랑하는 삶을 살 수 있다고 보았다. 그는 인간 사이의 친밀한 사랑도 하나님으로부터 나오는 축복이라고 말한다.

> 하나님이 인간에게 주신 최대의 축복은 사랑할 수 있도록, 사랑하고
> 싶도록 인간을 창조하신 것이다. (『인간, 그 100개의 가면』 p.315)

다. 우리는 가면을 쓰고 산다

고시영 목사의 저서에 등장하는 '우리·가면' 단어는 인간의 사회적인 역할과 관계에 존재하는 피상성을 시사한다. 가면과 심리학의 관계는 매우 깊고 다층적이다. 가면은 인간의 심리적 상태, 사회적 역할 그리고 정체성에 대한 중요한 상징적 의미를 지닌다고 할 수 있다. '가면'은 인간의 내면적 갈등, 불안 그리고 자아를 보호하려는 시도를 포함한다. 심리학적 관점에서 가면은 정체성을 숨기거나 다양한 역할을 행하는 도구로써 사용되며, 이는 인간이 사회적 상황에 따라 다른 '가면'을 쓰고 다양한 모습을 보이는 이유를 대변한다.

'가면'은 방어 기제로도 설명될 수 있다. 개인은 자신의 약점이나 취약점을 보호하기 위해 가면을 쓰며, 이는 외부 세계로부터 자신을 보호하는 심리적 방패 역할을 한다. 가면은 사회적 역할을 수행하고 타인의 기대에 부응하기 위한 수단으로도 사용되며, 이는 개인이 가족, 직장, 사회에서 다양한 역할을 행하면서 적응하는 과정을 반영한다. 내적 갈등과 불안이 있을 때, 개인은 이를 해결하기 위해 가면을 쓰며, 이를 통해 안정감을 찾으려 한다.

고프만(Erving Goffman, 1959)은 『연극이론(Dramaturgical Analysis)』에서 가면에 관하여 "인간의 사회적 상호작용을 무대 위의 연기와 비교하며, 사람들이 자신이 맡은 역할을 어떻게 연기하는지"를 설명한다. 또 "인간이 사회적 상황에서 자신이 기대하는 역할에 충실하려고 노력하지만, 동시에 다른 사람들의 반응에 대해 항상 불확실성과 불안감을 느낀다."라고 했다.

고프만은 "인간은 사회적 상황에서 자신이 맡은 역할에 최선을 다하지만, 항상 다른 사람들의 평가와 반응에 대한 불확실성으로 인해 괴로워한다. 이로 인해, 가면은 인간이 이 불확실성 속에서 자신을 보호하고, 원하는 모습을 유지하기 위한 중요한 심리적 도구로 작용한다."라고 보았다.

이런 개념과 비슷하게 고시영 목사도 저서 『인간, 그 100개의 가면』에서 가면은 '우리'의 사회생활을 위해서는 꼭 필요한 수단이라고 말했다. 그는 가면이란 철학적 및 실존적 의미를 지닌다고 보았다. "가면은 인간의 본질을 표현하는 실존적 의미를 뜻하는 것이었다."(『100개의 가면』 p.7)

고시영 목사는 자신의 내면적 진실을 숨기거나 드러내는 수단의 상징인 가면을 쓰고 살아가는 것은 인간의 본성이라고 하였다. 인간은 내면의 갈등과 불안, 자아 보호를 위해 가면이 필요하다. 그 자신도 자신의 불안을 해소하기 위한 가면이 필요했다.

가면은 그의 사회적 적응에 꼭 필요한 수단이었다. 특정 역할을 행하거나 사회적 기대에 부응하려고 가면을 쓰기도 했다. "상황에 따라 다양한 가면으로 얼굴을 가리고…."(『100개의 가면』 p.7)

라. 독백과 친구

고시영 목사가 저서에서 사용하는 '친구'라는 단어는 자신의 상념과 철학을 나누는 대상을 의미한다. 그는 미지의 어떤 대상을 향해 '친구'라고 부른다. 이런 태도를 볼 때 그가 불특정한 대상 모두를 친근하게 여기고 있었으며, 세상을 우정어린 공간으로 지각하고 있었음을 시사한다.

이는 심리학자 아들러(Alfred Adler 1927~1956)가 말하는 '공동체 감각'(Gemeinschaftsgefühl)과 관련이 있다. 공동체 감각은 개인이 자신을 공동체의 일원으로 느끼고, 타인과 협력하며, 타인의 복지에 관심을 가지는 감각을 의미한다. 고시영 목사는 "사람들이 서로를 친구로 여기고 세상을 우정어린 공간으로 인식할 때 건강한 공동체 감각을 반영한다."라고 하였다. 이 공동체 감각은 개인의 심리적 안녕과 사회적 유대감을 강화하는 역할을 한다. 그는 "타인과 우호적으로 상호작용 하는 것은 정신적으로 건강한 상태를 나타내며, 이는 개인이 공동체 내에서 자신의 자리를 찾고, 타인의 복지에 관심을 가지며, 협력과 상호 존중을 바탕으로 한 관계를 형성하는 데 기여한다."라고도 했다.

고시영 목사에게 있어서 이러한 공동체 감각은 사회적 조화와 개인적 성장을 촉진하는 중요한 요소로 작용한다.

'친구' 단어를 중심으로 고시영 목사 친밀성의 주제를 살펴본 결과, 『독백과 편지 그리고 여행』에서 주로 내용이 검색되었다.

그의 저서 『독백과 편지 그리고 여행』의 제목에서 '독백'이라는 단어는 그의 내면에서 외로움을 보여준다. 그러나 '편지'라는 단어가 함께 쓰이면서 자신의 이 독백을 누군가에게 전하고 있다. 그는 혼자만의 세계에 머문 것이 아님을 알 수 있다.

위 저서에서 고시영 목사는 '친구여'라고 부르며 말하고 있다. '독백과 편지'라는 제목에서 짐작할 수 있듯, '친구'는 실제적인 친구일 수도, 공동체 개념일 수도, 그 자신일 수도 있다. 그런데 '친구'가 어떠한 개념이든, 자신의 성찰과 고민에 어떤 대상을 초대한다는 '친구여!'의 초대 행위는 그의 공동체적 관념을 시사한다. 그는 인생·미래·의미·성공에 대한 자신의 관념과 이상을 혼자 간직하는 것이 아니라 '친구'라는 단어로 상징되는 공동체 속에서 나누고 실현하기를 원했다. 고시영 목사는 친구와 함께 무엇을 나누고 어떠한 것을 실현하고 싶었을까?

첫째, 그는 내면의 고민과 두려움과 소망을 나누기를 원했다.

> 친구여, 우리는 미래를 알 수 없다. (『독백과 편지 그리고 여행』 p.181)
>
> 친구여, 우리는 강물, 우리는 어떻게 흐르고 있는가? (『독백과 편지 그리고 여행』 p.187)

친구여, 우리 저속한 성공보다 아름다운 실패를 하자. (『독백과 편지 그리고 여행』p.181)

위의 글을 통해 고시영 목사에게는 불안·다짐·소망이 있었음을 알 수 있다. 자신의 마음을 마치 편지 형식으로 다른 사람에게 전한다. 또한 자기 자신을 친구삼아 따뜻하게 말하고 있다. 인생의 끝자락에 선 자신을 돌아보며 망각과 기억을 나누기도 한다.

친구여, 우리는 노인이 되었다. (『독백과 편지 그리고 여행』p.219)
친구여, 우리는 무엇을 잊고 무엇을 기억하고 있는가? (『독백과 편지 그리고 여행』p.211)

둘째, 그는 때로 오해받아서 억울함을 느끼기도 했는데, 이런 자신의 억울함을 나누기를 원했다. 그러면서 자신을 위로하고 달래주고 있다.

친구여, 그대에 대해 오해하는 사람들이 많다 해도 상처는 받지 말라. (『독백과 편지 그리고 여행』p.191)

그는 특별한 사람이 되려고 애쓰지 말라고 마치 친구에게 말하듯이 자기 자신에게 다짐한다.

> 친구여, 특별한 사람이 되려고 하지 말라. (『독백과 편지 그리고 여행』
> p.224)

셋째, 고시영 목사는 사람들과 따뜻함을 나누기를 원했다. 그는
자유라는 명목으로 남을 파괴할 수 있음을 경고했다. 사람 그 자체
를 소중하기에 우리는 서로를 위해 조심해야 한다고 했다.

> 친구여, 우리도 나의 자유 때문에 남을 무너지게 하고 있지는 않는
> 가? (『독백과 편지 그리고 여행』 p.198)
> 친구여, 질병을 돌보되 사람을 돌보지 않는 의사를 작은 의사라 하
> 고, 사람을 돌보는 의사를 큰 의사라 한다.(『독백과 편지 그리고 여
> 행』 p.216)

넷째, 고시영 목사는 이 독백 같은 편지에서 친구와 함께 우리
시대를 향한 신앙적 이상을 나누기를 원했다. 그에게 친밀성의 개
념은 자신에서부터 친구, 공동체 그리고 한국교회와 우리 사회, 하
나님의 나라에까지 확장되고 있는 것으로 보인다. 그가 친밀하게
느꼈던 대상은 이처럼 광대했다.

친구여, 오늘 우리 시대의 절망은 무엇인가? (『독백과 편지 그리고 여행』 p.226)

친구여, 우리 하나님의 나라라는 이상을 추구하면서 살자. (『독백과 편지 그리고 여행』 p.223)

3. 성숙성의 주제 : 시대, 한국교회, 희망

에릭 에릭슨(Erikson E.H, 1950~1968) 성숙성의 주제는 헌신 과 보살핌의 존재로서의 성숙성 개념을 중심으로 한다. 에릭슨의 심리 사회적 발달 이론에서 성숙성은 주로 성인기 후반기에 해당하 는 발달 단계로, 이 시기에 개인은 자기 자신을 넘어 타인과 미래 세대에 대한 책임을 지게 된다.

이 단계는 '생산성 대 침체(Generativity vs. Stagnation)'라는 발달 과제로 표현되며, 성숙한 개인은 타인에 대한 헌신과 보살핌 을 통해 생산성을 실현한다.

성숙성의 핵심은 타인과 사회에 대한 깊은 헌신과 보살핌이다. 에릭슨은 이 단계에서 개인이 자신의 경험과 자원을 바탕으로 다음 세대를 위해 기여하고, 더 넓은 공동체에 긍정적인 영향을 미치는 역할을 강조했다. 이러한 생산성은 단순히 자녀를 양육하는 것에 그치지 않고, 사회적, 문화적, 그리고 직업적 맥락에서의 창조적 활동을 포함한다. 성숙한 개인은 자신을 넘어선 더 큰 목표와 가치를 추구하며, 이를 통해 삶의 의미와 목적을 찾게 된다.

반대로, 이 시기에 생산성을 이루지 못하고 침체에 빠지게 되면, 개인은 자기중심적이고 무의미한 삶을 살게 될 위험이 있다. 이는 사회적 고립과 불안, 그리고 삶의 만족감 감소로 이어질 수 있다. 따라서 에릭슨은 성숙성을 타인에 대한 깊은 헌신과 보살핌을 통해 자신을 넘어서서 살아가는 존재로 정의했다. 성숙성은 결국, 자신을 넘어서 타인과 공동체에 기여하는 삶을 통해 진정한 의미를 찾는 과정이라고 할 수 있다.

이러한 성숙성 개념과 관련하여 고시영 목사는 세상에 대해 어떤 헌신과 보살핌의 인식을 했을까? 그의 세상에 대한 인식을 '시대, 한국교회, 희망' 키워드를 중심으로 다음의 주제를 도출했다.

가. 시대와 교회에 대한 큰 책임감

고시영 목사는 우리 시대와 한국교회에 대한 큰 책임감을 갖고 있었다. 한국교회와 시대에게 경종을 울리고, 이 세상에 희망을 전하기 원했다.

그의 저서에는 현대 시대의 사라진 애국심, 무너진 도덕성에 대해 슬픔과 안타까움이 묻어난다. 애국가가 버림받는 시대, 도덕성이 사라진 시대에 대한 아픔이다.

> 애국가가 국가가 아니라는 사람들이 생겨나는 이 슬픈 시대에 6월이 지나갔다. (『독백과 편지 그리고 여행』 p.68)
>
> 현대 시대에는 인간의 도덕성과 윤리는 더 이상 중요한 문제가 되지 않는 것 같다. (『독백과 편지 그리고 여행』 p.156)

더 나아가 그는 한국교회에 대해서도 위기의식을 갖고 있었다. 암울한 시대적 상황 속에서 한국교회도 중요한 기로에 서 있다고 보았다. 현재 교회는 성경과는 거리가 멀어져 있다고 보았고, 이처럼 타락한 한국교회에 대한 울분과 아픔을 느끼고 있었다.

> 한국교회는 현재 매우 중요한 기로에 서 있다. 그간에 쌓인 울분, 자신의 무능함에 대한 아픔, 성경과는 거리가 먼 한국교회의 현실을 말한다. (『너와 나는 떨어질 수 없어라』 p.173)

나. 교회의 경건함으로 세상에 헌신해야 함

그는 성경과 멀어진 한국교회의 현실을 직시하고 부흥을 위해 기도하는 것으로 교회의 어려움을 극복할 수 있다고 여겼다. 교회의 부흥과 회복이 이 시대를 위한 책임이고 헌신의 길이라고 믿었다.

> 현실 속에서 한국교회는 성경의 가르침과 거리가 멀어져 있으며, 이를 바로잡고 교회의 부흥을 위해 기도하는 것이 필요하다. (『너와 나는 떨어질 수 없어라』 p.173)

그는 기도야말로 교회를 살리고 이 세상을 회복시키는 가장 중요한 길이며, 이 세대를 바로 잡을 수 있는 힘이라고 보았다. 그리하여 시대를 치유할 수 있는 가장 근원적인 방법인 기도로써 그는 세상에 헌신하고 교회를 돌아보자고 교회 공동체에게 권유하였다.

고시영 목사는 우리 시대가 삭막하고 타락한 이유로 "기도하는 자가 없고, 경건하게 하나님을 찾는 사람이 없기 때문이다. 시대를 살리고 교회를 살리기 위해서는 '경건의 춤'을 추어야 한다. 광야와 산과 사막에서 배우고 돌아와야 한다."라고 하였다.

> 오늘날 현대인들의 삶이 이토록 삭막해지고 타락한 것은 사악한 춤을 추는 사람들은 많으나 경건의 춤을 추는 사람들은 적기 때문입니다. 우리 시대에는 미국에서 돌아온 박사가 필요한 시대가 아니라 광

야에서, 산에서, 사막에서 인생을 배우고 돌아온 사람들이 필요합니다. (『어느 이상주의자의 편지』 p.275)

다. 교회는 시대의 희망이며 이를 위해 결단해야 함

고시영 목사는 우리 시대와 우리 교회가 아무리 타락했다 할지라도 이 세상에 빛과 희망을 주는 곳은 여전히 교회이다. 교회를 부흥시키고 성경으로 돌아가는 기도와 운동을 통해서 궁극적으로 이 세상에 희망을 가져올 수 있다고 보았다. 절망 뒤에 오는 것은 결국 희망이며 희망의 원천은 하나님이기에 우리는 하나님을 찾는 방식으로 이 시대를 치유하고 회복해야 한다고 주장하였다.

절망 뒤에 오는 것은 결국 희망이듯이 열등감 때문에 긴 밤을 새우고 나면 새벽녘에 얻어지는 결론은 언제나 하나님을 찾아야 한다는 것이었습니다. (『어느 이상주의자의 편지』 p.115)

더 나아가 고시영 목사는 희망은 신앙 속에서 하나님이 주시는 것일 뿐만 아니라, 인간 스스로 결단을 통해 이루어지는 것임을 강조하였다.

그런데 하나님을 위한 인간의 희망은 본인 스스로 결단의 결과이다.

(『인간, 그 100개의 가면』 p.312)

고시영 목사의 성숙성은 어떤 모습으로 표현하였는가?

우리 시대와 교회에 대한 책임감으로 표현하였다. 그는 시대와 교회의 타락을 보았다. 교회가 이 시대를 위해 헌신하고 돌보는 역할을 해야 하기 때문에 교회는 성경으로 돌아가고, 다시 부흥해야 한다고 주장했다. "교회의 부흥이야말로 이 세상에 헌신하는 방법이다. 그는 교회가 부흥해야 이 세상을 향한 희망이 있다."라고 했다.

고시영 목사 성숙성의 모습은 절망 가운데 처한 시대와 교회에 대한 책임감으로 드러났다. 경건한 신앙 속에서 매번 희망을 선택하고 결단하면서, 이 시대와 교회를 돌보고 헌신하고자 한 모습이 고시영 목사의 성숙성이었다.

4. 통합의 주제: 존재, 하나님, 운명, 죽음

에릭 에릭슨(Erikson E.H)의『심리사회적 발달 이론』에서 통합의 발달 단계는 삶의 마지막 단계로서 인생을 회고하며 자기 삶의 의미를 찾는 시기이다.

이 단계는 '통합 대 절망(Integrity vs. Despair)'이라는 발달 과제로 표현되며, 개인이 자신의 삶을 어떻게 평가하느냐에 따라 통합의 감정 또는 절망의 감정을 느끼게 된다.

통합의 단계에서 개인은 자신의 삶을 돌아보며 인생의 다양한 경험을 종합적으로 이해하고, 그 속에서 지혜와 의미를 찾게 된다. 에릭슨은 이 시기를 통해 인생의 모든 순간이 하나로 통합되며, 이는 결국 개인이 삶과 죽음을 어떻게 받아들이느냐에 대한 태도로 이어진다고 보았다. 죽음은 무엇인가에 대한 질문은 바로 이 통합의 주제와 맞닿아 있으며, 죽음을 받아들이는 태도는 통합의 성취 여부에 따라 달라진다.

삶의 끝자락에서 통합을 이루는 사람은 자신의 삶이 의미 있었고, 전체적으로 잘 살았다고 느끼며, 죽음을 평온하게 받아들일 수 있다. 반면 통합을 이루지 못한 사람은 자신의 삶에 대해 후회와 절망을 느끼며, 죽음을 두려워하고 받아들이기 어려워한다.

통합은 결국 자신이 걸어온 길을 통찰하고, 모든 경험을 하나로 엮어 인생의 궁극적인 의미를 찾는 과정이라고 할 수 있다. 삶의 마지막에 이르러 통합을 이루는 것은 죽음을 평온하게 받아들이는 지혜로 이어지며, 이는 인생 전체를 아우르는 중요한 성취라고 에릭슨은 설명한다.

고시영 목사의 통합 단계를 살펴보기 위해 빅데이터 키워드로는

'존재·하나님·운명·죽음'이라는 단어를 생각할 수 있다. 이 단어들을 중심으로 다음의 주제를 도출하였다.

가. 하나님 안으로 통합됨

고시영 목사는 자신의 모든 삶이 하나님 안으로 통합된다고 말한다. 하나님 안으로 들어갈 때 인간으로서 자신의 모든 추악한 것이 없어진다는 것이다.

> 그 속에 들어가면 인간의 그 모든 추악한 것은 녹아 없어지고 참으로 하나님을 느낄 수 있습니다. (『어느 이상주의자의 편지』p.159)

고시영 목사는 인간의 운명을 아름답게 보고 있다. 자연처럼 인간 또한 조화롭고 자연스러우며, 태어나고 죽어가는 것은 존재의 아름다운 과정이다. 이것은 자신의 존재를 하나님의 뜻과 조화롭게 통합하는 것이라는 것이다.

> 하나님과 인간, 인간과 인간, 그리고 인간과 자연의 조화야말로 곧 아름다움이 존재하는 것입니다. (『어느 이상주의자의 편지』p.342)

나. 죽음은 보물의 호수이다

고시영 목사의 저서에는 죽음과 장례식을 통해 인생의 의미를 되돌아보고, 삶의 마지막에서 자신의 경험과 선택을 종합적으로 이해하는 과정이 나타난다. 죽음을 맞이하거나 장례식을 치르며, 사람들은 자신의 삶과 타인의 삶을 통합적으로 평가하며, 명예로운 죽음, 슬픔의 예술적 승화, 그리고 후세를 위한 교훈을 되새기는 과정을 거친다. 이는 에릭슨이 말한 삶의 통합을 이루는 과정으로, 결국 삶의 끝자락에서 의미와 지혜를 찾아 평온하게 죽음을 받아들이는 성숙한 단계로 이어진다.

고시영 목사에게 죽음은 보물의 호수이자, 축복의 땅이었다.

> 그들이 하나님의 큰 뜻을 몰랐을 때는 이 호수를 죽음의 호수로 생각했지만, 영안을 열고 보았을 때 그 호수는 보물의 호수가 된 것입니다. (『너와 나는 떨어질 수 없어라』 p.181)
>
> 죽음의 땅이라 해서 많은 사람들에게 외면당했던 그 바다가 살아나서 수많은 사람들이 모이는 축복의 땅이 된 것입니다. (『너와 나는 떨어질 수 없어라』 p.182)

고시영 목사는 죽음은 끝이 아니라 아름다운 예술적인 승화로 나아가는 과정이라고 보았다.

자식의 죽음을 슬퍼하는 어머니의 절제된 슬픔이 하나의 예술품으로

승화되어 있었습니다. (『너와 나는 떨어질 수 없어라』 p.233)

다. 경험을 통해 지혜를 수확하다

고시영 목사의 저서를 통해 인생의 마지막 단계에서 경험과 지혜를 통합하여 삶의 의미를 완성하는 과정을 볼 수 있다. 에릭슨에 따르면, 노년기에 이른 사람은 자신의 삶을 회고하며 얻은 지혜를 바탕으로 삶의 다양한 경험을 하나로 통합하고, 그 속에서 의미를 찾는다. 고시영 목사 또한 거룩한 경험을 통해 지혜를 수확해 왔으며, 삶의 성숙을 이뤄왔다.

나는 이 기간 동안 참으로 많은 거룩한 경험을 통해 지혜를 배웠다. (『독백과 편지 그리고 여행』 p.177)

늙음이란 경험의 축적이요, 지혜의 집합이고, 삶의 성숙이다. (『독백과 편지 그리고 여행』 p.177)

고시영 목사에게 지혜는 단순히 경험의 축적이 아니라, 실패와 성공, 치욕과 은혜를 모두 포함하여, 이를 통해 삶의 진리를 깨닫고 성숙해지는 과정이다.

치욕과 은혜를 동시에 기억하며 새로운 역사를 만들어 가는 이스라엘 사람들, 나는 비로소 모든 것을 잊고만 사는 것이 지혜가 아님을 배웠습니다. (『독백과 편지 그리고 여행』 p.292)

고시영 목사는 지혜란 죽음과 가까이하는 것이라고 여겼다. 젊은이들에게도 죽음을 준비하며 사는 것이 지혜를 수확하는 방법이라고 가르쳤다.

대학 졸업식에서 그 창창한 젊은이들에게 죽음을 준비하며 살라고 말한 것은 죽음을 생각하는 사람이 자유롭고 주어진 일에 집중하는 지혜를 얻을 수 있기 때문이다. (『독백과 편지 그리고 여행』 p. 96)

고시영 목사는 자연 속에서 번잡함을 피해 평온을 찾는 지혜 역시, 이 통합의 과정에서 중요한 요소로 작용한다고 여겼다.

번잡함을 피해 자연 속으로 들어가는 지혜가 필요하다. (『독백과 편지 그리고 여행』 p.122)

고시영 목사의 통합 수준의 특징은 인간의 존재와 운명, 하나님과의 관계, 죽음과 지혜에 이르기까지 삶의 모든 측면을 깊이 이해하고 조화롭게 받아들이는 데 중점을 둔다는 것이다. 그는 인간이 하나님과 자연, 그리고 다른 인간들과의 조화 속에서 자신의 운명을 경험하며, 죽음을 승화시키고, 평온함으로 들어갈 것을 강조한다.

제 5 장

❦

고시영 목사 삶에 대한 감성 분석

1. 낭만, 사랑스러움, 그리움, 애정

고시영 목사는 부정적인 감성보다 긍정적인 감성을 훨씬 더 많이 느끼면서 살았다. 긍정 감성 중 '낭만적' '좋다' 단어들을 미루어 볼 때, 고시영 목사의 긍정적 감성은 '인간이 본래부터 낭만적인 존재로 창조되었으며, 그 이유는 인간을 만드신 하나님이 낭만적인 존재라는 믿음'에 기반하고 있다. 그는 모든 인간에게 낭만적 기질이 내재하여 있음을 강조하며, 이를 다듬고 가꾸어 나갈 때 인간은 더욱 멋지고 의미 있는 존재로 성장할 수 있다고 믿는다. 또한, 하나님께서 인간을 창조하시고 '보기가 좋다'라고 감탄하신 것은 인간의 이러한 낭만적 본성을 긍정적으로 평가한 것이라고 말한다. 고시영 목사의 저서 중 전형적인 문장은 다음과 같다.

낭만을 이렇게 규정할 때 인간은 분명 낭만적인 존재이다. 그런데 인
간이 이처럼 낭만적인 존재가 된 것은 인간을 만드신 하나님이 낭만
적인 존재이기 때문이다. 따라서 인간은 그 낭만적 기질을 다듬고 가
꾸어야 한다. 그래야 그 낭만적 기질을 통해 인간은 멋있는 존재가
된다. (『인간 그 100개의 가면』 p.70~72)

한편 '사랑스럽다' 단어는 고시영 목사가 친구와 벗에 대한 사랑
을 표현하는 맥락에서 많이 쓰이고 있다. 즉 고시영 목사는 인생을
함께 걸어가는 친구에 대해서 '사랑스러움'의 감성을 많이 느꼈던
것으로 나타났다. 전형적인 문장들은 다음과 같다.

사랑하는 벗이여! 이제 가을은 달려오고 있습니다. 이 가을을 어떻게
보내시렵니까? 사랑하는 사람이여! 가을을 느끼십시오. (『너와 나는
떨어질 수 없어라』 p.77)

'그립다'와 '애정'의 감성은 과거 에너지와 영감을 주었던 정열의
사람과 함께 했던 기억에 수반된다. 즉 고시영 목사는 정열의 사람
과 정열의 시기를 그리워했던 것으로 보인다.

정열적인 사람들이 그립다… 나는 뱃머리에 서서 출렁거리는 갈릴리 바다를 깊은 애정과 감회로 바라보았습니다. (『독백과 편지 그리고 여행』 p.93, 276)

2. 고독, 절망, 눈물

고시영 목사의 부정적 감정은 인간이 고독과 절망 속에서 느끼는 깊은 상처와 아픔을 묘사하면서 드러난다. 빅데이터 키워드 중에서 '눈물·우울·외로움·고독·절망' 등의 부정적 감성 단어들을 통해서 그의 부정적 감성을 살펴볼 수 있다.

그는 고독이 인간을 고립시키고, 절망이 인간의 마음을 무겁게 짓누르는 과정이라고 보았다. 그러나 이러한 감정들은 인간의 삶에서 피할 수 없는 부분임을 강조한다.

눈물은 인간의 감정을 드러내는 중요한 요소로, 인간의 본질을 증명하는 증명서입니다. 눈물은 절망, 고통, 슬픔 등 다양한 감정에서 비롯되며, 인간의 경험과 연결되어 있습니다. 눈물은 또한 인간이 고독을 느낄 때 흘리게 되는 것이며, 그 고독 속에서 인간은 새로운 희망을 발견할 수 있습니다. (『인간 그 100개의 가면" p.25)

그러나 눈물, 절망, 고통 같은 부정적 감정은 인간 존재의 당연한 경험이지만 결국 이런 부정적 상황 속에서 인간은 신의 사랑과 구원을 찾을 수 있으며, 이를 통해 절망을 극복하고 새로운 희망을 발견할 수 있다고 말한다.

> 고독은 인간의 본질적인 상태로, 인간은 고독해야만 하며, 그 고독 속에서 사랑하고, 예술을 통해 고독을 견딜 수 있는 힘을 얻습니다. 고독은 인간이 스스로를 성찰하고, 하나님의 음성을 들을 수 있는 시간과 공간을 제공합니다. 고독은 또한 인간을 더욱 인간답게 만드는 중요한 요소입니다. (『어느 이상주의자의 편지』 p.144)

고시영 목사는 어떠할 때 절망했을까? 그는 삶의 목표와 변화를 잃어버릴 때 절망을 느꼈다. 그러나 그는 거기에 머물지 않았다. 고독의 결과 그는 하나님을 찾을 수 있었으며, 또한 절망의 시기에도 하나님으로 귀결되었다고 말한다.

> 인간은 삶에서 목표가 이루어지지 않거나 변화가 주어지지 않을 때 절망하게 됩니다. 그러나 절망은 시간이 지나면서 그 힘이 약해지고, 극복될 수 있습니다. 절망은 고통스럽지만, 그것을 통해 인간은 하나님의 사랑을 찾고, 다시 일어설 수 있는 기회를 얻게 됩니다. 사랑은 인

간의 모든 감정과 행동의 원천이며, 그로 인해 인간은 고독과 절망을
극복할 수 있습니다. (『너와 나는 떨어질 수 없어라』 p.103~104).

이처럼 고시영 목사는 인생의 절망과 고독을 경험할 때 결국 하
나님의 사랑으로 돌아갔다.

제6장

そ

빅데이터 분석으로 본 고시영 목사의 성격적 특징

고시영 목사가 사용한 주요 단어를 토대로 성격에 대한 시사를 받기 위하여 'TCI 기질 및 성격 이론'(Cloninger, Sveakic & Przybeck, 1993)을 적용할 수 있다. TCI (Temperament and Character Inventory) 검사는 C.R.Cloninger가 심리생물학적 인성 모델에 기초하여 개발한 개인의 기질과 성격을 측정하는 심리검사이다. 이 검사는 개인의 기질과 성격을 구분하여 측정한다.

이 심리검사는 기질은 타고난 유전적 측면이 강하고 성격은 환경요인이 조화롭게 작용하면서 형성된다고 본다. 이 심리검사의 이론에 근거하여 빅데이터 주요 단어를 중심으로 고시영 목사의 기질 및 성격을 도출했다. 결과적으로 고시영 목사의 기질은 이상주의자, 신중함, 사회적 민감성과 예민한 감수성과 동정심, 높은 인내력을 갖고 있었다. 또한 성격의 특징은 높은 자율성과 사회적 연대감, 또한 높은 영성으로 정리할 수 있다. 이 내용들을 구체적으로 살펴본다.

1. 고시영 목사의 기질(Temperament)

가. 낮은 자극 추구형(LNS, Low Novelty Seeking)

낮은 자극추구형의 기질이란, 심사숙고(reflective), 우직스러움(loyal), 절제하는(reserved), 금욕적인(stoic), 성미가 느린(slow tempered)의 기질의 특징, 신중하게 생각하고 분석적인 기질을 말한다. 이 기질은 근검절약하며 사치나 낭비를 즐기지 않는다. 쉽게 화내지 않고, 융통성도 부족하여 익숙한 방식만을 고집할 수 있다.

고시영 목사의 기질은 낮은 자극 추구형으로 키워드 중 '신중함; 지혜·절제·생각' 등의 단어들이 그의 기질을 시사한다.

그는 주님의 신중함을 본 받기 원했고, 만남에서 신중함이 필요하다고 말한다.

주님의 목표는 인간을 구원하여 하나님께 영광을 돌리는 것이고, 주님의 성품은 온유함과 겸손이며 주님의 행동은 신중함과 지혜로움이었다. (『여행을 통해 본 세상 이야기』 p.221)

어쨌든 만남이란 그것이 의식적이건 무의식적이건 간에 한 인간이 다른 인간을 만난다는 것에는 상당히 신중함이 필요하다. (『너는 나와 떨어질 수 없어라』 p.71~72)

고시영 목사는 신앙생활에서도 심사숙고하는 결단을 중요하게 여겼다.

새벽기도를 시작하는 사람, 십일조 헌금을 시작하는 사람, 재수를 하는 용기 있는 사람 등 모든 이들은 생각하는 힘을 통해 새벽을 깨우고자 합니다. 이는 그들이 심사숙고하며 결단을 내리는 과정에서 생겨난 결과입니다. (『독백과 편지 그리고 여행』 p.86)

고시영 목사에게 절제는 자신의 감정을 잘 다스리고 상황에 맞게 행동하는 능력이다.

투박하면서도 굵은 목소리, 절제된 음성으로 모든 것을 드러내는 간략함, 표정 하는 사람들은 자신의 감정을 잘 다스리고 상황에 맞게 행동하는 능력을 보여줍니다. (『어느 이상주의자의 편지』 p.85)

그는 소중한 것일수록 절제가 필요하고, 절제의 자질이야말로 성공하는 사람들이 갖는 힘이라고 말한다.

> 사람도, 물질도, 지위도, 수명도, 사랑도 이 세상 그 모든 귀한 것들은 절제해야 한다. (『독백과 편지 그리고 여행』 p.92)
> 성공한 사람들은 절제의 힘을 갖고 있었다. 이들은 욕구를 조절하고, 상황에 적응하며, 자신을 통제하는 능력을 통해 성공을 이루었습니다. (『성경에 기록된 인문학적 성공 이야기』 p.138)

고시영 목사는 신중함과 지혜로움으로 행동하며, 만남에 있어서조차도 상당히 신중한 기질을 나타낸다. 그는 모든 귀한 것들은 절제하고, 자신을 통제하며 상황에 맞게 행동하는 것을 중요하게 여기는 기질을 가졌으며, 성공을 위해 욕구를 조절하고, 상황에 적응하며, 자신을 통제하는 능력을 중요하게 여겼다.

나. 낮은 위험회피형 (LHA, Low Harm Avoidance)

낮은 위험회피형은 '자신감 있는'(confident), '낙관적인'(optimistic) 기질을 의미한다. 즉 낮은 위험회피형의 사람은 위험과 불확실성에 직면했을 때 자신감이 있게 낙관적으로 밀어붙이는 기질을 의미한다. 이런 기질의 사람에게는 무모한 낙관주의라는 단점이 있다.

고시영 목사는 낮은 위험회피형의 기질을 가졌다. 즉 낙관적이고 이상적이었다. 그의 이런 기질은 빅데이터의 높은 빈도 단어인 '신앙·이상주의자·희망' 등과 연관하여 생각해 볼 수 있다.

그는 믿음과 신앙을 가졌기 때문에 신을 아름답다고 예찬하는 믿음, 인간을 아름답다고 노래하는 사랑, 미래는 아름다운 것이라고 확신하는 그 희망으로 삶을 빛나는 광채와 기쁨으로 바라보고 있다.

> 신을 아름답다고 예찬하는 믿음, 인간을 아름답다고 노래하는 사랑, 미래는 아름다운 것이라고 확신하는 그 희망이 서로 일치되고 조화를 이룰 수만 있다면 삶은 그야말로 광채요, 기쁨이요, 만족일 것입니다. (『어느 이상주의자의 편지』 p.264)

그는 모든 상황에서 낙관적이었다. 인간은 그 자신의 미래를 확실하게 통제하지 못하는 존재이기 때문에 위기가 올 수 있으나, 모든 것은 전화위복이라고 보았고, 또한 우리가 하나님에 대한 믿음을 가질 때 그 믿음을 통해 받은 복을 유지할 수 있다고 말한다.

전화위복이라는 이 말은 결국 인간은 그 자신의 미래를 확실하게 통제하지 못하는 존재임을 증명하는 것이고, 따라서 인간은 하나님을 믿어야 하며 믿음을 통해 화는 복으로, 복은 여전히 복으로 유지될 수 있다는 사실을 확인하게 해준다. (『인간 그 100개의 가면』 p.240)

고시영 목사는 낮은 위험회피형의 기질로 믿음에 기반한 이상주의자로서 그는 언제나 꿈꾸며 살기 원했다.

그러나 여전히 나는 이상주의자가 되고 싶고 이상주의자로 남고 싶은 욕구. 이상주의자라면 무슨 일이 있어도 꿈을 잃지 말아야 합니다. (『너와 나는 떨어질 수 없어라』 p.3)

다. 높은 사회적 민감성(HRD, High Reward Dependence)

높은 사회적 민감성의 기질은 '동정심 많은'(sympathetic), '감수성이 예민한'(sentimental) 사람을 말한다. 즉 타인의 감정에 민감하여 따뜻한 사회적 관계를 쉽게 형성한다. 단점은 타인을 위해 객관성을 상실하는 경우가 있다.

고시영 목사는 사회적으로 민감하고 동정심이 많다. 그의 높은 사회적 민감성과 관련하여 '우리' 단어를 생각할 수 있다. 그는 자신의 이야기할 때도 '우리'라는 단어를 사용한다. '우리 의식(weness)'을 보여주는데 그가 사회적으로 민감하고 동정심이 많은 기질임을 알 수 있게 한다.

그는 친구들을 '동지'와 '우리'라고 부른다. 세찬 바람을 함께 맞서서 일해나가자고 권유한다. 이런 공동체적인 그의 감각이 드러난 문장은 다음과 같다.

> 코트도 목도리도 벗고 그 차갑고 세찬 바람에 맞서 그대들을 향해 웃는 나를 동지들이여, 함께 피 흘리며 생존을 위해 합창하던 벗들이여, 우리 다시 함성을 크게 지르자. 아직도 우리에게는 해야 할 일들이 있고 이루어야 할 일이 있지 않은가? (『독백과 편지 그리고 여행』 p.4)

라. 높은 인내력(HP, High Persistence)

높은 인내력의 기질은 '부지런한'(industrious), '끈기 있는'(persistent), '성공을 위해 많은 희생을 함'(over-achiever), '완벽주의자'(perfectionst)의 기질을 말한다. 즉 '부지런히, 열심히 일하는' 기질이다. 또한 끈기가 있어서 좌절과 피로에도 불구하고 꾸준히 노력하는 기질이다. 그러나 빠르게 변화하는 상황에 부적응할 수 있다는 단점도 있다.

고시영 목사는 높은 인내력의 사람이었다. 고통 중에도 꿈을 포기하지 않고 끈기 있게 나아가는 기질이었다. 그의 높은 인내력의 기질은 '고통'이라는 키워드를 분석하여 고시영 목사가 고통에 어떻게 대응했는가를 살펴봄으로써 이해할 수 있다.

고통 키워드를 분석한 결과 '신앙의 고통', '삶의 고통', '문학과 고통', '사랑과 고통'을 겪었다는 것을 알 수 있다. 그러나 고시영 목사는 이러한 다양한 인생의 고통을 인내하며 견뎌냈다.

그는 신앙적 관점에서 고통을 이해하고, 예수로서 고통받은 하나님을 통해 고통의 의미를 찾으려 했으며, 그 고통을 사랑하며 살려고 노력했다. 다음의 문장에 이런 마음이 담겨있다.

> 나는 하나님께서 예수 그리스도가 되시어 고통받았다는 사실을 통해 이런 결론을 얻게 되었고 그로부터 나는 고통에서 벗어나려고 애쓴 것이 아니라, 그 고통의 의미를 찾으려고 했으며, 그 고통을 사랑하며 살려고 노력했습니다. (『너와 나는 떨어질 수 없어라』 p.5)
> 근심의 실체, 그 고통과 고뇌를 향해 정면으로 도전해서 싸울 때, 우리는 그것을 극복할 수가 있을 것입니다. 그러기 위해서 우리는 고통을 사랑할 줄 알아야 하겠습니다. (『어느 이상주의자의 편지』 p.29, 53)

고시영 목사는 인간의 삶은 단순히 존재하는 것이 아니라 고통 속에서 더 깊은 체험을 하며 성장하는 과정이라고 여겼다.

> 인간의 삶은 단순히 세계 안에 있는 삶이 아니라 세계 안에서 고통받

는 삶입니다. (『너와 나는 떨어질 수 없어라』 p.5)

고통도 그 나름대로 힘이 될 수 있으며 인간은 고통 속에서 더 깊은 삶을 체험할 수 있다는 것을 터득한 사람인 것입니다. (『어느 이상주의자의 편지』 p.311)

　그는 고통을 통해 진리를 깨달을 수 있음을 알고 있었으며, 고통은 인간의 내면을 정화하고 새로운 시작을 가능하게 하는 힘이 있다고 믿었다.

갈등은 고통이긴 해도 그것은 숨겨진 삶의 깊이를 체험하는 데 큰 도구가 되기 때문입니다. 그것은 생을 다시 세우는 날이요, 삶을 다시 출발시키는 날이며, 우리가 외면해 왔던 고통과 고뇌의 참 의미를 터득하는 날입니다. (『어느 이상주의자의 편지』 p.30, 221)

　그는 사랑도 고통의 일환으로 보았으며, 비록 사랑이 고통스럽지만 그 고통이 인간을 더 아름답게 만든다고 여겼다.

사랑은 고통이다. 비록 사랑이 고통이지만 그 고통이 인간을 더 아름답게 한다는 것을…. (『독백과 편지 그리고 여행』 p.16)

인간의 고독과 고통이 어떻게 아름다운 삶을 가꾸는 데 필요했던가를 말하는 고백의 밤입니다. 그 고통의 무게를 견디어 낼 수만 있다면 그것은 우리의 삶을 보석으로 만드는 우리의 친구가 될 수 있을 것이기 때문입니다. (『어느 이상주의자의 편지』 p.53, 230)

이처럼 고시영 목사는 고통을 통해 삶의 깊이를 이해하고, 더 나아가 고통이야말로 삶을 보석으로 만들어 주는 필요 요소라고 말한다. 그는 고통 속에서도 희망을 찾아내려는 인내와 의지를 가진 사람이었다.

2. 고시영 목사의 성격 특성

가. 높은 자율성 (HSD, High Self-Directedness)

높은 자율성의 성격은 자율적 개인으로 자신을 인식하고, 자신이 선택한 목표와 가치를 이루기 위해서 자기 결정력을 갖고 자신의 행동을 상황에 맞게 통제, 조절, 적응시키는 의지력이 강한 소유자로 책임감·목적의식·유능감·자기수용·자기 일치성을 가졌다. 높은 자율성의 사람은 '책임감 있는'(responsible), '믿을 수 있는'(reliable), '목적의식이 있는'(purposeful), '유능감'(effective), '자기를 수용한'(self-accepted), '잘 훈련된'(disciplined) 특성을 가진다. 즉 높은 자율성의 사람은 성숙하고, 강하고, 자기

만족적이며, 책임감 있고, 믿을 만한 사람으로 여겨진다. 또한 목
표지향적이고 건설적이다. 대인관계에서는 통솔하는 위치에 있을
때 잘 통합된 면모를 보인다. 그러나 자신의 소신대로 일하기에 반
항적으로 보인다는 단점도 있다.

고시영 목사는 높은 자율성의 성격으로 나타난다. 그의 높은 자
율성의 성격은 '나·우리·삶·인간'의 단어들과 관련지어 '책임감'
의 개념으로 생각할 수 있다. 그의 '책임감' 있는 성격을 나타내는
전형적인 문장들을 보면, 그는 인간의 삶 자체를 책임적인 것으로
규정하고 있다.

> 한 번 생각해 보십시오, 인간의 삶이야말로 얼마나 책임적입니까? 우
> 리 인간은 부모로서 자녀로서 사회인으로서 신앙인으로서 책임을 갖
> 고 살아갑니다. (『너와 나는 떨어질 수 없어라』 p.260)

그 자신은 문학 활동을 통해 삶에 대한 책임감을 갖게 되었다고
말한다.

> 문학 활동은 그동안 나를 짓누르던 우울한 젊은 시절의 상처를 대부
> 분 치유해 주었고 삶에 대한 자신감과 책임감을 가져다주었습니다.
> (「너와 나는 떨어질 수 없어라」 p.7)

고시영 목사에 의하면 각자 주어진 책임을 다해야 사회가 건강해지고 자유로워진다.

> 오늘날 우리 사회가 이토록 추해지는 것은 인간들 각자에게 주어진 책임을 다하지 못하는 데 그 원인이 있습니다. 우리 인간은 부모로서, 자녀로서, 사회인으로서, 신앙인으로서 책임을 갖고 살아간다. 우리는 책임을 다할 때 그만큼 자유로워지는 존재가 되는 것입니다. (『너와 나는 떨어질 수 없어라』 p.261, 263)

이처럼 고시영 목사는 높은 책임감을 가진 사람이다. 책임을 인간이 수행해야 할 기본적인 의무로 여겼으며, 삶의 승리와 자유는 책임을 완수하는 것과 직결된다고 믿었다. 그는 자신의 선택에 관해 책임지는 것을 필연적인 일로 받아들였다. 자신의 선택과 행동에 대해 도덕적으로 책임을 져야 한다고 믿었다. 자유에 수반되는 책임에 대한 강조는 그의 높은 자율성의 성격 특성을 나타낸다.

나. 높은 연대감 (HC (High Cooperativeness))

높은 연대감은 자기 자신을 인류와 사회의 통합적 한 부분으로 이해하고 동일시하는 성격이다. 높은 연대감 성격의 특징은 '마음이 부드러운'(tender-hearted), '너그러운'(tolerant), '공감적인'(empathic), '도움을 주고 싶어 하는'(helpful), '자비심이 많은'(compassionate), '도덕적인'(ethical), '정직한'(pure-hear-ted)이다. 높은 연대감을 갖는 사람은 남을 위해 봉사하는 것을 즐기고 가능한 다른 사람에게 협력하려고 노력한다.

고시영 목사는 높은 연대감의 성격을 보인다. 그가 많이 사용했던 단어들인 '우리·인간·공감' 등의 단어들이 높은 연대감의 성격을 시사하고 있다.

그는 인간 존재에 깊이 공감했다. 인간의 한계를 깊이 이해하고 있었기 때문에 그는 인간을 통해 느끼는 기쁨과 슬픔을 당연한 것으로 편안하게 받아들일 수 있다고 말한다.

> 만약 우리가 이러한 인간 이해를 할 수 있다면 인간을 통해 느끼는 기쁨과 슬픔 그것은 당연한 것이며, 삶 속에서 일어나는 온갖 맑고 어두운 일들을 우리는 마치 운명론자처럼 편안하게 수용할 수 있을 것입니다. (『너와 나는 떨어질 수 없어라』 p.15)

그는 타인의 감정을 깊이 이해하고 서로를 이해하며 살아가는 것을 중요하게 여겼다. 그는 그들의 고통과 기쁨을 자신의 것처럼 느낄 줄 아는 사람이었다. 타인과의 교감에서 진정한 의미를 찾았으며, 인간관계의 본질이 서로의 감정을 이해하고 나누는 데 있다고 믿었다.

> 인간은 서로의 감정을 계속 주고받음으로 결국 공감대가 형성되어
> 서로를 이해하게 되고 하나 되는 계기를 만들어 냅니다. (『너와 나는
> 떨어질 수 없어라』 p.1)

인간 존재에 대한 깊은 수용과 공감의 성격을 가졌기 때문에 타
인의 죄와 실수에 대해 용서할 수 있는 신의 관대함을 실천할 수
있었다.

> 염려하지 마십시오. 주 예수를 믿으면 하나님을 배신한 죄는 용서받
> 으며 노동의 기쁨은 되살아나 삶의 감격을 되찾을 수 있습니다. (『너
> 와 나는 떨어질 수 없어라』 p.304)

다. 높은 자기 초월(HT, High self-Transcendence)

높은 자기 초월의 성격은 자신을 우주의 통합적 한 부분으로
이해하고 동일시하는 성격을 말한다. 높은 자기 초월의 성격을 가
진 사람은 우주 만물, 자연을 수용하고, 일체감을 느끼는 능력이
있다. 또한 창조적 자기 망각, 우주 만물과의 일체감을 특징으로
하는 영성적인 성격을 말하기도 한다. 높은 자기 초월의 성격 특징

은 꾸밈없고 충만하며 참을성 있고 창조적인 사람이다. 이들은 물질적인 사심이 없으나 주관적이고 순수한 이상주의자가 된다. 이들은 인생의 모호함과 불확실성을 잘 견딜 수 있다. 일의 결과를 몰라도 자신이 하는 활동을 충분히 즐긴다. 특히 자기초월적 성격이 그 진정한 힘을 발휘하는 것은 인간이 피할 수 없는 고통이나 죽음에 직면했을 때이다. 이들은 이때 낮은 자기초월적 성격보다 훨씬 적응적이고 편안하게 인생의 고통을 받아들일 수 있다.

고시영 목사의 높은 자기초월적 성격의 사람이다. 그가 많이 사용한 '창조성' '영성' '자기 초월' 같은 단어를 통하여 그가 높은 자기초월적 성격의 사람임을 이해할 수 있다.

그는 인간으로서의 한계를 깊이 인식하면서도, 이를 극복하고 더 높은 차원의 존재로 나아가고자 하는 창조성을 가졌다. 고통 가운데에서도 언제나 새로운 가치를 창출할 수 있다고 보았다.

> 창조적 열정은 인간의 삶을 풍요롭게 하며, 고통 속에서도 새로운 가치를 창출하는 힘이 됩니다. 창조적 사고를 통해 우리는 일상에서 벗어나 새로운 가능성을 발견하게 됩니다. 창조성은 인간이 새로운 세계를 열어가는 힘이며, 이를 통해 인류는 끊임없이 발전할 수 있습니다. (『어느 이상주의자의 편지』 p.185)

그의 삶은 끊임없는 자기 초월의 과정이었다. 그는 자신의 고통과 시련을 단순히 피할 대상이 아니라, 이를 통해 자신을 단련하고 더욱 성장할 기회로 여겼다. 그는 인간의 본능적 욕망을 초월하여, 더 큰 목적을 위해 살아가는 것을 목표로 삼았다. 그는 부활 체험과 영적이고 극적인 신비의 체험에 깊이 공감했다.

> 애절한 그리움, 바다 이야기, 끝없는 동경과 목표를 향해 질주하는 행동, 죽어서 다시 태어나는 부활 체험, 평범한 상식을 초월할 수 있는 의식 등등이 그 속에는 녹아 있습니다. 성당 내부로 들어간 나는 그 초월적 극치에 그만 발걸음을 멈추고 말았습니다. (『너와 나는 떨어질 수 없어라』 p.37, 147)

그의 이러한 자기초월적인 태도는 종교적 신념과 깊이 연결되어 있었다. 그는 인간의 내재적인 한계를 인식하면서도, 신앙을 통해 초월 능력을 얻고자 했다.

> 그러나 거듭난 사람은 환경을 초월한다. (『인간 그 100개의 가면』 p.35)
>
> 인간의 모든 엔진이 활력을 찾고 창조적 열정이 빛을 발해 무슨 일이든 그 일을 하는 데 있어 영적 충만함을 느끼게 됩니다. 영성은 인간

의 내면 깊은 곳에서 나오는 힘이며, 이는 사람을 변화시키고, 세상을 더 나은 곳으로 만드는 원동력입니다. (『독백과 편지 그리고 여행』 p.42)

고시영 목사는 인간 내면의 영성으로 그 자신의 한계를 초월할 수 있었다고 보았다. 또한 이 영성이야말로 인간을 완성할 수 있는 빛이며, 이 세계를 나은 곳을 만들 수 있는 원동력이라고 말한다. 그는 이러한 영성의 힘과 그 충만함을 경험하며 자기초월적으로 살아왔다.

Eagerness

제2편

반송 고시영 목사의
사회적 자기 이해

들어가는 말

　제1편에서의 주제가 반송 고시영 목사의 삶을 그의 저서들을 분석하여 내적 자기 이해의 심리적 주제를 도출했다면, 제2편에서는 반송에 대한 다양한 사회적 평가를 통해 이해되는 외적 자기 이해에 대해 다루어 보려고 한다.

　외적 자기 이해는 자신이 살고 있는 사회문화적 환경 속에서 자회적 자기 이해를 의미한다. 사회문화적 환경의 핵심은 곧 나 자신과 함께 사는 타인을 가장 주된 대상으로 하며, 그래서 사회적 자기 이해는 타인을 통해 이해된 나 자신을 아는 것이다. (최 & 한, 2021).

　반송 고시영 목사의 사회적 자기 이해는 결국 그를 둘러싸고 있는 수많은 사람 가운데 유의미한 사람들과의 관계를 통해 이해된 그 자신을 말하는 것이다.

　우리 공동 저자들은 반송의 삶을 둘러싸고 오랫동안 함께 해 왔던 의미 있는 사람들과의 인터뷰를 진행하였고[1] 그렇게 도출된 자료를 다양한 학문적 이론을 근거로 하여 분석과 평가, 해석하는 과정을 통해 반송의 사회적 자기 이해를 설명하고자 한다.

---

[1] 인터뷰는 반송의 아들 고범석 목사, 부활교회 은퇴장로 김정자 장로, 104회기 총회장 김태영 목사, 전 서울장신대학교 이사장 김홍천 목사, 96회기 총회장 박위근 목사, 세계한국인기독교총연합회 사무총장 신광수 목사, 전 서울장신대 총장 안주훈 목사, 서울장신대 이사장 오구식 목사, 102회 총회장 최기학 목사, 전 서울장신대 총장 황해국 목사 등(이상 가나다순) 총 10분이 참여하였다.

제1장

✦

이론적 배경

인간은 끊임없이 자신을 성찰하며 살아간다. 성찰한다는 것은 자신에 대해 더 넓고 깊은 이해를 한다는 의미이며, 이를 통해 자신의 정체성을 공고히 하고 타인과의 다양한 관계를 맺어가며 이 사회에서 나름의 어떤 역할을 할 수 있게 근거를 만들어 가는 작업이라 할 수 있다. (최 & 한, 2021)

그래서 인간은 자신에 관한 다양한 정보를 얻으려 노력하게 되는데 이는 자신에 대한 이해는 내가 접하고 얻을 수 있는 다양한 정보를 그 배경으로 하기 때문이다.

'자기(self)'를 이해하는 건 우선 '자아(ego)'와 구분함으로부터 시작된다고 할 수 있다. 이에 대한 심리학적인 구분은 명확하다. 프로이트의 구조적 모형에서 자아(ego)는 "나"의 마음을 구성하는 세 가지 요소인 원초아(id), 자아(ego), 초자아(super ego) 가운데 하나를 의미한다. 그리고 그 세 요소가 하나로 드러나는 전체를 이르는 개념이 바로 자기(self)이다. 그렇게 형성된 자기(self)는 인간이 자신의 삶을 사회라는 구조 안에서 성장시켜 나가는 과정에서 발달하게 되는 데 이를 주장하는 대표적 이론이 상징적상호작용이론이라 할 수 있다.(Lecky, 1945)

조지 허버트 미드(George Herbert Mead)가 개발하고 허버트 블루머(Herbert Blumer)가 확장한 상징적상호작용이론은 자신을 보는 타인의 태도에 대한 평가과정이 자기개념을 형성하는 데 있어 매우 중요한 역할을 하고 있음을 이야기한다(Mead, 1934). 여기에서 상징이란 특정한 사회적 맥락 안에서 공유된 의미를 전달하는 단어, 제스처, 사물 또는 행동을 의미한다.(Berger, 1996)

즉 상징은 한 개인이 세상을 살 때 타인들과 공유할 수 있는 이해의 배경이 되어 주고 세상과 사회, 타인과의 원활한 소통에 도움을 준다. 나아가 개인은 자신의 경험과 문화적 배경, 사회적 맥락을 바탕으로 상징의 의미를 해석하고 자신의 삶에 적용한다. 그 가운데 중요한 것이 바로 타인의 나를 향한 태도와 평가이다.

타인의 태도란 곧 타인이 나를 보는 시각이라 할 수 있다. (손정연, 2024) 도대체 내 주변의 타인이 나를 어떤 사람으로 보는지가 자신을 이해하는 데 가장 중요한 배경이 된다는 의미이다. 사회의 틀은 인간(나)이 결코 벗어날 수 없는 삶의 근간이다. 그래서 그 사회적 틀 안에서 함께 살아가는 타인들이 나를 어떻게 평가하고 있는가는 결국 '나'를 이해하고 자기개념을 형성하는 매우 중요한 배경이 될 수밖에는 없다.

내가 어떻게 평가되고 있고, 나를 어떻게 여기는지 알게 하는 가장 중요한 대상은 나와 가장 가까이 접하는 가족과 부모라 할 수 있다. 그래서 부모의 몰이해나 부적절한 평가를 기반으로 성장한 사람은 자신에 대한 평가에 매우 인색하며 심지어 무가치한 존재로 여기게 된다. 이는 타인의 부정적 평가를 근거로 자신에 대한 자기개념을 만들어 갔기 때문이라 할 수 있는 것이다.

반송 고시영 목사 주변의 많은 지인과의 인터뷰를 통하여서 그에 관하여 개인적 경험과 기억 등을 연구자와 공유할 수 있었다. 반송의 지인들은 그가 강한 책임감과 명확한 소명 의식으로 산 사람이라는 데에 이의를 달지 않았다. 최기학 목사는 반송에 관하여 이렇게 기억하였다.

우리 서울장신대가 오늘에 이르기까지 두 큰 별이 있습니다. 한 분은 강신명 목사님이십니다. 서울장신대를 설립하신 분이십니다. 또 한 사람 고시영 목사는 우리 서울장신대학교가 오늘에 이르도록 서울장신을 발전시키고 키워주신 분이라 할 수 있습니다. 고시영 목사는 발전위원장을 수십 년 하며 많은 학교 건물을 세우고, 무엇보다도 서울장신대의 위상을 높인 분이라 할 수 있습니다. 그토록 그분의 열정이 우리 학교에 미친 영향이 크다고 할 수 있습니다. (최기학 목사 인터뷰 2024년 3월 14일)

반송은 아픔과 상처로 얼룩진 고통의 터널을 지나며 이전과 이후가 전혀 다른 삶의 모습을 보였는데 그 핵심은 사람을 소중히 여기고 그들을 위로할 줄 아는 사람이 되었다는 것이다. 이는 곧 반송의 외적 자기 이해, 즉 사회적 자기 이해의 매우 중요한 주제가 된다고 할 수 있을 것이다. 그는 타인의 평가에 대한 주관적 해석을 의미 있게 환원시킬 수 있는 능력 즉, 반영 평가를 할 수 있는 사람이었으며 이는 그가 자신을 이해하는 데에 꽤 깊이 있는 고민을 하며 자신의 주관성을 합리적인 과정으로 자기 삶에 적용하였음을 의미하는 대목이기도 하다.

반영평가는 상징적 상호작용이론을 통해 이해할 수 있는 개념으로, 타인이 자신을 평가하는 방식에 대한 개인의 주관적 해석을 의미한다.(김경식 외, 2011) 그렇기에 반영평가는 자신을 이해하는 데 매우 중요한 역할을 하게 된다고 할 수 있다. 그러나 이러한 반영 평가가 과연 한 인간이 자신을 이해하는 합리적이고 객관적인 방법인가에 대해서는 비판적 시각도 존재한다. 인간으로서 한 개인은 타인의 평가를 있는 그대로 받아들이기보다는 자신이 이미 가지고 있는 인지적 틀로 해석하게 된다는 것이 그 가장 중요한 이유이다. 이는 자기에 대한 타인의 실제 평가가 자기 스스로에게는 왜곡되어 이해될 가능성이 있음을 의미한다고 하겠다.

사실 사람들은 타인을 이해하려 할 때 '내가 저 사람이라면 어떻게 했을까?', '그가 나를 어떻게 평가했을까?', 와 같이 자신의 경험과 감정을 기준으로 추론하는 경향이 있다. 이러한 투사적 이해는 타인의 내면과 자신의 내면이 결코, 동일하지 않음에도 동일한 기준으로 상대를 평가 하게 만들 위험이 있다. 이 과정에서 타인의 자기에 관한 평가 결과마저 자기중심적으로 재구성되면서 자기 이해의 왜곡이 심화될 수 있는 것이다.

이러한 반영 평가의 왜곡에 대한 비판적 시각이 아니더라도, 타인의 자기 평가에 대한 다양한 왜곡의 이유를 들 수 있다. 예를 들어 '나'에 대한 타인의 평가가 애당초 그 평가자로부터 정확하게 전달되지 못하는 경우를 들 수 있다. 요즘 많은 기업은 인사관리의 한 축으로써 직원 개개인에 대한 평가를 상호적으로 하는 경우가 많다. 상사는 부하를 평가하지만, 부하도 상사를 평가하여 점수화하는 게 그것이다. 그런데 부하 직원은 상사에 대하여 솔직하게 평가하여 점수화하지 못하는 경우가 많다. 이는 상사에 대한 솔직한 평가가 상사의 기분을 상하게 할 수 있고, 이것이 자신에 대한 상사의 평가를 부정적으로 확대될 수 있는 염려 때문이다. 그런 부정적 평가는 결국 자신의 지위나 승진, 연봉 등에 영향에도 미치게 되리라 생각하는 것이 그 배경이 된다고 하겠다. 그렇다면 이렇게 개인에게 전달된 평가 자체가 이미 왜곡되어 있을 수 있는 것이다.

한 연구에 따르면, 아동은 자신에 대한 긍정적 피드백을 부정적 피드백보다 더 잘 기억하는 경향이 있다고 한다.(김경식 외, 2011) 이는 인간이 기본적으로 긍정적인 자아상을 유지하려는 심리적 경향과 연결된다. 그러니 사람은 부정적 피드백은 외면하고 긍정적 피드백을 나 자신으로 여기는 것을 당연하게 생각할 수 있는데 이는 타인에 대한 자신의 평가를 왜곡하는 또 하나의 이유라 할 수 있다.

사람은 타인의 평가를 수용할 때 자신의 생각과 감정을 투사하기 때문에, 수용 과정에서 필연적으로 자기중심적 해석이 개입하게 된다. 결국 타인의 평가를 받아들이는 행위조차 완전히 객관적일 수 없으며, 자기 이해 과정에서 편향이 발생할 가능성을 내포한다. 그렇기에 우리의 연구에서 나름 이해하게 되는 반송에 대한 사회적 자기 이해는 그 개인의 주관적 평가가 배제되어 있다는 점에서 반영 평가의 비판적 시각에서 자유로울 수 있다. 우리의 연구는 오랫동안 반송과 삶을 함께 해왔던 타인의 평가를 통해 그의 사회적 자기 이해를 좀 더 명확하게 드러낸다는 독특함을 가지고 있다고 할 수 있다.

또 다른 한편으로 자기개념을 만드는 대부분의 정보가 사회적 관계에서 온다는 일반적인 개념에 반하여 전부 그렇지는 않다. (데릴 Bem)의 자기지각 이론도 반송의 사회적 자기에 대한 이해에 나름의 배경이 될 수 있다. 자기개념이 모호한 상황에서 어떤 정보는 자기 자신의 행동에서 오기도 한다는 것이 그 핵심 주장인 자기지각 이론은, 자신의 행동을 관찰하고 해석한 결과에 기초하여 정립되었다. 사람은 먼저 여러 환경요인에 의해 행동하고 이 행동에 의미를 부여하면서 자기개념을 정립해 나간다. 실제로 긍정적으로 자신을 평가하도록 한 자기관리 프로그램을 이수한 피험자는 평범한 교육프로그램을 이수한 피험자보다 더 긍정적으로 자신을 인식했다.(Bem, 1972) 이는 자기개념이 성립되는 일정 부분이 자신에 대한 자신의 관찰에 의지함을 보여준다고 할 수 있다.

청각장애로 청소년기를 살아내었던 반송에게 자기 자신에 대한 이해의 대부분은 타인과의 관계에서 얻어지는 타인의 평가보다는 자신의 행동을 통해 얻어지는 결과라고 할 수 있다. 그는 청소년기를 보내며 누구보다도 많은 책을 읽었고, 열심히 공부하여 좋은 성적을 거두었다. 그건 바로 자신의 행동을 통해 얻어지는 자기개념의 긍정성이라 할 수 있다. 그러한 자기에 대한 긍정적 평가는 건강한 자기개념을 정립하였고, 이는 서울에 있는 대학에 진학하여 교사가 되고, 목사가 되는 길을 거침없이 걸어 나가게 했던 중요한 배경이라 할 수 있다. 이러한 결과는 반송이 자신의 행동에 의미를 부여하고 그것을 통해 건강한 자기 이해를 만들어 냈다는 자기지각 이론을 통한 해석을 가능하게 한다.

나아가 그런 의미의 자기개념은 정리된 교과서가 아니라 인문학을 통한 다양한 이야기의 형식으로 저장되어 사람들에게 전달되었다. 그래서 사람들은 그의 설교를 교리나 신앙의 원칙을 드러내는 재미없는 설교가 아니라 성경의 다양한 이야기와 인문학이 연결된 재미있는 설교, 나름의 분명한 주제를 전달하는 가치 있는 설교로 인식하였음을 볼 수 있다.

이러한 이야기 형식으로 저장되는 자기개념을 자기 설화(self-narrative)라는 개념을 통해 이해하기도 한다. 이는 자신에 대하여 자기 스스로가 보유하고 있는 자신의 이야기로 자기개념 일부를 이루면서 이를 배경으로 자신을 주인공으로 한 인생의 여러 순간을 이야기로 묶어서 자기개념에 통합한다.(McAdams, 1993)는 것을 의미한다.

그런데 사람은 몇 가지 특성으로 자신을 정의하면서 다소 혼합

되고 일치되지 않는 설명적인 자기개념을 가지고 있다. (Markus, 1977) 이 둘은 자기개념의 중요한 두 축을 이루고 있지만, 내용이 일관되지는 않다는 한계를 가지고 있기도 하다. (Kihlstrom, Beer, Klein, 2003)

제2장

❦

반송의 네 가지 사회적 자기 이해의 주제들

　반송의 사회적 자기이해는 네 가지의 주제로 설명되어 질 수 있다. 이는 반송의 삶에 대하여 오랫동안 그와 함께해 왔던 사람들과의 인터뷰를 통해 기본 자료를 수집하는 과정과, 이를 분석하여 세분화하고 그렇게 세분화된 내용을 주제별로 엮어낸 연구의 결과물이다. 이러한 연구 과정과 그 결과물은 반송의 심리전기를 집필하는 연구팀이 설정한 세 가지의 주제 가운데 사회적 자기의 영역에 대한 부분이라 할 수 있다.

　제2장에서는 반송의 심리전기를 집필하는 연구팀이 설정한 네 가지의 주제 중에서 사회적 자기의 영역에 대한 부분이라 할 수 있다.

　연구 결과로써 드러난 네 가지 주제는 그 각각이 한편으로는 발전되고 성장한 사회적 자기를 형성하고, 또 다른 한편으로는 그 반대라 할 수 있는 퇴행한 사회적 자기를 형성하는 이중성을 띤다. "한 인간을 연구하면서 그 사람의 이중성에 대한 이해는 당연한 전제이기도 하지만 그러한 이중성에 대한 이해는 좀 더 그 연구 대상에게 깊이 있게 다가갈 수 있는 매우 중요한 도구가 되기도 한다. (김은진, 2012)"

이러한 이론적 배경을 근거로 반송의 삶에서 매우 중요한 주변 인물들과의 인터뷰를 통해 드러난 반송의 네 가지 사회적 자기를 형성하는 주제를 살펴보고자 한다.

1. 소명과 헌신

비교적 늦은 나이에 신학에 발을 들여놓은 반송에게 신학은 단순한 학문이 아니라 생의 중심을 흔드는 새로운 시작이었다. 신학교에 들어갔을 때 그는 나이가 많았지만, 누구보다도 열정적이었고 깊은 성찰과 토론을 통해 후배들에게 큰 영향을 주었다. 박위근 목사는 총회장으로 재임하며 반송과 함께했던 시절을 다음과 같이 회상하였다.

고 목사님은 나이나 형식에 구애받지 않고 신학을 탐구하는 열정이 남다른 분이셨다. (박위근 목사 인터뷰, 2024년 1월 15일)

반송은 젊은 후배 신학생들에게도 쉽게 다가가 "신학이란 삶의 기초이자, 우리가 걸어야 할 길 그 자체"라고 말하곤 했다. 그의 이런 태도와 진지한 가르침은 곧 신학교 안에서 그를 따르는 학생들에게 깊은 인상을 남겼고, 후배와 제자들로 하여금 그를 단순한 선배가 아닌 영적 스승으로 보게 하는 배경이 되었다.

이에 대하여 아들인 고범석 목사는 다음과 같이 표현하였다.

아버지의 삶은 신앙과 책임감에 깊이 뿌리를 두고 있었습니다. 어릴 적 할머니와 함께 교회를 다니며 하나님을 만났고, 그 신앙이 아버지를 지탱하는 기둥이 되었다고 생각합니다. 이와 함께 "내가 목사로서 해야 할 일은 무엇인가?"를 끊임없이 고민하며, 목사로서의 자존심과 책임감으로부터 강한 동기를 얻으셨던 것 같습니다. 그 책임감은 아버지를 주저앉게 하지 않았고, 실패 후에도 다시 일어서게 만든 힘이었습니다. 아버지의 인생을 보면, 평생을 철저히 목회자로서 사셨다고 할 수 있습니다. 물론 이 과정에서 가족들이나 주변 사람들에게 서운함을 줄 수 있는 부분도 있었지만, 아버지께서는 목사로서의 삶에 전념하는 것이 자신의 가장 중요한 사명이라고 믿으셨던 것 같습

니다. (고범석 목사 인터뷰, 2024년 2월 3일)

반송은 선택과 집중의 원칙을 가지고 있었다. 그 원칙이 가장 철저하게 적용된 자리가 바로 '목회자'라는 소명의 자리라고 할 수 있다. 반송은 목회자로서의 소명에 집중하였고, 그 소명에 걸맞은 길을 걸어가려고 힘썼다. 그러한 반송의 삶은 목회 현장에서 교회와 성도를 섬기는 열정을 통해 풍성한 목회적 열매를 맺는 긍정적인 결과를 가져왔다. 그런데 그 이면에는 그의 열정에서 소외되었다고 느껴지는 오랜 친구와 동역자들, 가족들에게는 힘든 시간을 겪게 하는 부정적인 그림자를 드리우게도 했다. 즉 친구와 동역자들, 가족들에게도 반송의 소명과 열정이 필요했으나 그는 목사로서의 소명과 그것을 이루기 위한 역할을 우선 했던 것이다. 반송의 진심이 결코 그렇지 않았음에도 그들은 반송에게 의미 있는 사랑과 지지를 받지 못한다는 아쉬움과 서운함을 느꼈다. 그의 목회적 성공의 화려함 뒤에 드리우는 어두운 그림자가 있었음에도 반송은 '그래도 내가 명색이 목사인데'라는 자기 기준을 스스로에게 부여하며, 그 기준을 지키기 위해 끊임없이 노력하였다.

그러한 반송의 끊임없는 노력은 그것이 긍정적이거나 부정적이거나를 떠나 그가 가지고 있었던 삶의 자존심이자 세상을 향하여 하나님이 주신 책임감을 이루기 위한 여정이었다고 할 수 있을 것이다.

　고범석 목사도 언급했지만, 할머니와 함께 교회를 다니며 만난 하나님은 반송의 삶과 인생의 중심축이었고, 그 하나님을 통해 만들어진 하나님을 향한 그의 신앙은 목회자로서의 삶을 지탱하는 가장 중요한 기둥이었다. 어린 시절 청각장애로 인한 수많은 어려움 속에서도 흔들림 없이 그는 자신의 길을 묵묵히 걸어갔다.

　"철마는 멈추지 않는다."라는 말은 반송이 평소 자주 했다는 말이다. 반송을 아는 대부분 사람은 이 말을 그를 대표하는 어록이라고 기억한다. 이 책을 쓰기 위하여 인터뷰한 모두에게서 공통적으로 듣게 된 말이기도 하다. 반송은 습관처럼 위의 말을 했다고 한다. 이 의미는 반송이 자신을 스스로 드러내고자 하는 강한 의지의 자기표현이라고 할 수 있는데, 반송은 어려움이 있을 때면 어김없이 습관처럼 이 말을 한 것이다.

　그는 자신의 삶을 살아가며 목적을 향해 철마처럼 멈추지 않고 달려가는 사람이었고, 그를 아는 모든 사람에게 자신의 삶을 그렇게 각인시켜 놓았다. 인터뷰한 모두가 그 이야기를 하며 그를 기억하고 있다는 것은 그가 사람들에게 진심으로 그렇게 삶을 살아내었던 존재로 인식되게 하였다는 것을 의미한다. 철마는 소명이고 달려가는 것은 그의 삶의 모든 것을 내어놓는 헌신이었다. 그는 진심으로 그렇게 자신의 삶을 살아내었던 존재였다. 그것이 타인의 시각으로 이해되고 보여졌다는 것은 연구자들에게는 매우 중요한 함의를 가진다. 이는 곧 그것이 타인을 통해 이해되는 하나의 사회적 자기라고 할 수 있기 때문이다.

반송은 "내가 목사로서 해야 할 일은 무엇인가?"라는 질문을 끊임없이 던지며, 목사로서 자신의 자세와 태도와 위치를 자리매김해 나가려고 노력했다. 반송은 자신의 신앙과 사명을 향한 책임감이 그 자신에게 강한 동기부여와 원동력이라고 여겼다. 그가 자신의 삶에서 그토록 성취해 내려 했던 소명과 그 소명을 이루기 위해 그토록 애썼던 자기 삶에 대한 그의 헌신은 늘 커다란 짐으로 그 스스로에게 짐 지워지곤 했다. 그는 그 커다란 짐의 무게를 짊어지고 평생을 살았다. 그리고 그렇게 짊어지고 걸어간 한 걸음 한 걸음은 오히려 그를 무너지지 않게 했으며, 실패 속에서도 다시 일어설 수 있게 만든 원동력이 되었다.

반송이 목사로서의 소명과 그 역할에 대한 헌신이 드러난 또 다른 영역이 있었음을 볼 수 있다. 동시대를 함께 목사로서 살아가는 동료들과 목회자들이 바로 그 영역이다. 무엇보다도 기본적인 삶을 유지할 수 없어서 힘겹게 목회를 감당하는 목회자들의 현실이 반송에게 충격이었고 아픔이었다. 반송은 주변에서 목회자들의 고단한 삶과 사명을 지켜내려는 노력들이 때로는 너무나 안타깝고, 무너지는 목회자들의 모습을 많이 보게 되었다. (황해국 목사 인터뷰, 2024년 4월 15일)

경제적인 영역이 어느 정도 뒷받침되지 못하는 목회자의 삶이란 목사로서의 자기 역할을 감당해 내기 어렵다. 그들은 목회자인 나와 교회를 위한 하나님의 뜻, 그 하나님이 맡겨 주신 소중한 성도 한 사람 한 사람에 대한 치열한 고민을 뒤로하고 삶의 현장으로 내몰리게 된다. 때로 일용직 노동자로, 한밤중 대리기사로 생활전선에 내몰리기도 하게 된다.

경제적인 문제로 인한 열악한 삶을 살아가는 동료와 후배 목회자들의 모습이 반송에게는 아픔이었고 부담이었다. 목회의 현장에서 목사가 아닌 다른 부차적인 역할에 더 많은 힘을 써야만 하는 부 교역자들의 생존과 인권, 작은 교회를 섬기며 경제적인 어려움을 겪는 그들의 힘겨운 삶이 반송에게는 자신이 감당해야만 하는 큰 과제로 늘 마음에 남아 있었다.

목회자의 삶은 교회가 보장해 줘야 한다는 반송의 끊임없는 주장은 바로 이런 고민에서부터 출발한다. 반송은 이를 제도화하고 좀 더 넓은 차원에서 해결해야 할 시급한 과제로 생각했고, 나아가 총회장과 여러 교계의 리더와 이 문제에 대해 논의하고 주장하는 역할을 했다. 많은 사람과 수없이 만나서 이를 위해 설득하였으며 갈등이 있을 수밖에 없는 상황을 감당했다. 그에게 목회자들의 생존권과 인격권, 목회권이라는 주제 또한 하나님께서 자신에게 주신 소명이었고 이를 이루기 위해 싸우고 감당해야 할 헌신의 또 하나의 영역이었다.

2. 힘과 위로

반송의 두 번째 사회적 자기의 영역은 '힘과 위로'라는 단어로 표현할 수 있다. 그는 늘 다른 사람에게 힘과 위로가 되어 주는 사람이었다. 열정이 넘쳤던 K교회에서의 사역이 한편으로는 '실패'라는 단어로 표현될 수 있을 만큼 무너졌을 때 그는 그 고통스럽고 힘든 과정을 통해 자신을 성찰하는 기회로 삼았다.

반송은 새롭게 개척한 부활교회에서의 사역에서는 전혀 다른 사람이 되어있었는데 그 핵심은 바로 힘과 위로를 주는 사람이라는 것이었다.

K교회에서부터 38년을 함께 했던 부활교회 김정자 은퇴장로는 그의 변화에 대하여 이렇게 말하였다.

처음 목사님을 뵈었을 때를 잊지 못합니다. 목사님은 기존의 틀에 박힌 목사님들의 인상에서 벗어나 자유분방한 모습으로 다가왔습니다. 멀게만 느껴지는 기존의 목사님들에 비해 그런 자유로운 모습은 성도들이 목사님께 더욱 쉽고 친근하게 다가갈 수 있는 계기가 되었습니다. 그래도 교회가 막 성장하고 그럴 때이니 교인들 모두를 다 챙기기는 어려워서 상처받고 목사님이 귀도 잘 안 들리시는 거 모르는 교인들은 오해도 하고 그랬어요. 그런데 부활교회를 개척하고 얼마 지나지 않아 '우리 목사님이 완전히 달라지셨구나' 하는 생각을 제가 했어요. 원래가 남녀노소 뭐 아주 빈곤하고 어려웠을 때인데 교회 가면 누가 알아주지도 않는 그런 사람들도 돌아가셨는데 그 상가집에 찾아가셔서 통곡하며 우시는데 제가 그때 정말 느꼈어요. 대단한 분이시구나. 어떻게 그런 사람들한테도 다 사랑을 베푸시는가." (부활교회 김정자 은퇴장로 인터뷰, 2024년 1월 30일)

반송의 변화는 그 핵심이 '사람을 보는 관점'이었다고 할 수 있다. 청각에 관한 장애를 지닌 채 청소년기를 보낸 반송은 다른 사람과의 커뮤니케이션을 통해 자신의 삶에 대한 세계관을 형성할 수 없었다. 대화는 불가능하였고 다른 사람의 소리에 반응할 수 없었던 반송은 교실에서도 또래의 친구들과도 평범한 소통을 하기에 어려움을 겪곤 했다. 불러도 대답 없는 사람을 친구들은 기다려 주지 않았다. 그런 청소년기의 긴 시간을 반송은 혼자 보냈다. 생각을 많이 하고 무엇보다도 많은 책을 읽었다. 할 수 있는 것이 그것밖에 없었기 때문이었다.

이러한 청소년기의 삶의 과정을 통해 반송은 나름의 독자적인 세계관을 형성하였다. 스스로를 인문학자라 할 만큼 많은 책을 읽으며 채워진 성장의 시간들이 그것을 가능하게 하였다. 그리고 그렇게 형성한 인문학적 소양은 고등학교 교사로서 아이들을 가르칠 때도, 첫 목회지인 K교회에서 담임목사의 역할을 감당하며 교회를 성장시킬 때도, 부활교회를 개척하여 정말 자신의 목회를 의미 있게 만들어 갈 때도, 독특한 자신만의 역량을 드러낼 수 있는 배경이 되었다. 그를 기억하는 학생들도, 교인들도 그리고 오랫동안 함께 삶을 나누었던 동료와 가족들에게도 반송을 기억하는 특징적인 단어가 있었다. 그건 바로 '인문학'이라는 단어다. 인문학은 타인이 반송을 바라보며 이해하는 또 하나의 중요한 사회적 자기 이해의 주제라 할 수 있다.

반송은 고등학교에서 교사로 근무하면서도 열정적이었고 새롭게 무엇인가 창조해 내는 사람이었으며 목회 현장에서도 그 같은 자신의 모습을 드러내기에 주저하지 않는 사람이었다. 무엇보다도 수없이 많은 그의 설교에서 드러난 그의 인문학적 사고는 반송만이 드러낼 수 있는 새로운 신학적 이해를 교인들에게 선사했다. 많은 분량의 독서로 얻어진 인문학적 지식은 교인들에게 성경을 보는 관점도, 인간을 이해하는 시각도, 무엇보다도 세상을 바라보는 가치관도 바꾸도록 도전하게 했다.

반송의 탁월한 지적 역량이 그것을 가능하게 했다. 반송의 그러한 다름과 새로움과 변화의 과정들이 교인들로 하여금 그를 존경하고 따르게 하는 배경이 되었고, 무엇보다도 교회를 성장으로 이끌어 가는데 든든한 중요한 원동력이 되었다.

그런데 반송에게는 담임목사가 되기 이전에 경험했어야 할 부목사로서의 배움과 훈련의 시기가 없었다. 사실 그러한 경험이 꼭 필요하다고 할 수 있는 것은 아니다. 그럼에도 반송의 전체적인 삶을 조망할 때 무척 아쉬운 부분으로 드러난다. 목회의 현장에서 부목사로서 담임목사에게 듣고, 배우고 훈련하고 경험하게 되는 많은 것들이 있다. 무엇보다도 부목사로서의 시기는 사람에 대한 이해를 경험하는 시간이라 할 수 있다. 그것은 실제로 목회의 현장에서 만나는 수많은 사람과의 관계에 관한 것이라 할 수 있다. 상처를 주기도 하고 상처를 받기도 하면서 그런 상처들을 이런저런 과정을 통해 치유 받고 회복하는 소중한 경험의 과정이기 때문이다.

반송은 신뢰할 수 있는 목회자, 삶의 여러 문제에 인문학적 배경을 통해 다른 목회자들과는 변별력 있는 관점과 시각을 제시하는 목회자, 열정적으로 교회에 비전을 제시하고 이를 성취해 가는 목회자, 솔선수범의 리더라 평가받는 목사로서 존경받는 목회자임에는 틀림없다. 이렇듯 많은 부분에서 탁월함이 있었지만, 부목사 경험 없이 바로 담임 목회를 시작한 반송에게는 적절한 타협을 통해 원만하게 교회의 문제를 해결하고 더 나아가 가슴으로 사람을 품고 그 사람을 소중히 여겨 따뜻한 사랑을 주는 목회자의 역할에서는 조금은 아쉬운 부분이 있었음을 본다.

물론 반송은 교인들을 품고 사랑하고 소중히 여겼지만, 때로 원칙에 맞지 않고, 엉뚱한 것을 고집하는 교회의 리더십들과는 타협하지 않았다. 꼭 타협해서 무엇인가 절충점을 찾아야 한다는 것은 아닐지라도 그들의 이야기에 귀를 기울이고, 무엇인가 의미 있는 반응을 하며 관계를 맺어 그들의 정말 바라는 것과 또는 생각지 않은 오해와 왜곡에 대해 대처할 수 있어야 했다. 문제는, 그 많은 문제에 대한 원인이 반송에게 있지는 않았음에도, 사람들은 담임 목사에게 자기 이야기를 하고 그 이야기가 받아들여지지 않았을 때 나름의 부정적인 시각을 가지게 된다는 점에 있었다.

이런 전제에서 그들이나 반송, 누가 옳았는가 틀렸는가 하는 이야기는 전혀 의미가 없다. 내가 담임목사에게 거절당했다는 감정만 남아 있기 때문이다.

반송이 교회를 사랑하고 발전시키기 위해 가졌던 자신의 의지와 목표는 그가 소유한 지성과 신앙으로 훨씬 더 높은 차원에서 교인들에게 제시되었고 존경 받았지만 그럼에도 소통의 어려움으로 인해 생겨난 부정적 시각들은 조금씩 교회의 내부에서 이런저런 갈등으로 표면화되기 시작했다.

이런 문제들은 교회가 급격히 성장하는 시기에는 그 성장의 흐름에 파묻혀 그럭저럭 넘어갔다. 아들인 고범석 목사는 그런 성장의 시기를 거쳐 문제가 드러나게 된 이유를 이렇게 설명한다.

> 문제는 성장이 여러 이유로 정체를 하게 되었을 때입니다. 저는 주차장의 부족과 교회의 공간적 한계와 같은 물리적인 환경이 성장의 한계가 오게 한 중요한 이유였다고 생각합니다. 물론 다른 이유도 많겠지요. 그러나 당장 외적으로 드러나는 문제가 그렇다는 것입니다. 그리고 교회의 성장이 정체되는 시기가 되었을 때 내부적으로 조금씩 숨겨져 있던 그 문제들이 하나둘씩 외부로 불거져 나오기 시작했다는 것입니다. 신체적인 장애로 인하여 듣지 못하는 반송의 어려움을 알지 못했던 교인들은 불러도 대답 없는 담임목사를 오해하고 서운하게 느끼기도 했고, 나아가 담임목사가 나를 싫어한다거나 나를 무

시한다고 생각하게도 했습니다. (고범석 목사 인터뷰, 2024년 2월 3
일)

K교회에서 조금씩 드러나기 시작한 내부적 갈등은 사실 이런저
런 나름의 목적을 가지고 자신의 주장을 내세우는 몇몇 사람들에
게 안타깝게도 반대를 위한 반대를 하게 하는 데 이용되기도 하였
다. 그 이유가 사실은 반송의 올바름과 의로움을 향한 주장이었지
만 이러한 여러 가지 상황들은 생각지 못했던 오해와 왜곡으로 이
어져 점점 크게 확산하였고 이는 결국 여러 부정적 결과를 교회
안에 형성되게 하는 시작점이 되었다.

소명과 책임감이라는 든든한 기둥으로서 늘 자신을 정의하고 그
렇게 살려고 노력했던 반송은 담임목사로서도 당연히 올바름과 정
의로움을 추구하였고 이를 위하여 교회의 구조의 틀을 바꾸려 노
력하였다. 목사로서 자신이 어떻게 해야 한다는 확신이 있었던 반
송은 하나님의 교회를 만들어 가는 데 있어 타협과 협상은 불가하
다고 여겼다. 그런데 반송은 자신의 고집이나 생각만 옳다는 사람
은 아니었다. 김홍천 목사는 이에 관하여 이렇게 회고한다.

고시영 목사님께서 예전에 이런 이야기를 하셨습니다. 어느 모임에

서인지 기억은 잘 안 나는데 많은 이야기가 오고 갈 때, "의견은 얼마든지 내라, 우리 서로가 의견은 다를 수 있다. 그러나 그 모든 논의를 통해 최종적으로 결정된 사항에 대해서는 이제 다른 말을 하지 말자." 그러셨어요. 제가 고 목사님과 관계를 시작하는 초창기 때인데 나는 그분의 말씀이 옳다고 생각했습니다. 학교를 위한 열심과 무엇보다도 학교를 위해 희생하신 분이 어떤 결정을 하는 데 있어 이렇게 많은 의견을 수렴해 내신다는 것이, 그런 목사님 스타일이 존경스러웠어요. 그래서 저는 항상 존경하는 마음으로 고 목사님을 대했지요. (김홍천 목사 인터뷰, 2024년 1월 11일)

이러한 반송의 성정과 소명, 책임감은 교회 내에 갈등이 있더라도 오히려 끝까지 밀어붙여서 자신이 원하는 결과를 만들게 하려는 배경이 되었다. 갈등 속에서 반송 자신도 힘들었고 가족도 교회도 쉽지 않았지만, 여전히 그는 무엇인가 계속해야 했고 그런 과정에 교인들과 여러 교회의 리더십들과 부딪히는 일들이 발생하게 된 것은 어쩔 수 없는 결과라 할 수 있었다.

담임목사로서 반송의 철학은 교회를 성장시키고 교회를 교회 되게 하는 실질적인 부분에서는 괄목할 만한 결실로 드러났지만, 반면에 많은 교인과의 관계가 점점 더 어렵고 갈등이 깊어졌다. 당연히 담임목사로서 반송도 이 갈등을 해결하려고 동분서주하며 많은 사람을 만나 대화를 통해 해결해 내곤 하였다. 그러나 돌아보면 사실은 내부적으로 서로의 상처와 아픔, 갈등은 계속 누적되어 갔고, 종국엔 교회의 실질적인 어려움으로 드러나게 된 것이었다.

훗날 K교회에서 쫓겨나듯 사임하였을 때 반송은 무엇보다도 사람에 대한 이해를 새롭게 하였다. 원망과 분노로 자기에게 주어진 현실을 흘려보내지 않고 이미 자기 안에 가지고 있었던 다양한 인문학적 소양을 배경으로 한 지적 능력으로 그는 자기 자신을 성찰하는 과정을 스스로 걸었다. 가장 가까이서 그 아픔과 상처를 지켜보았던 아들인 고범석 목사는 그 시간을 보내며 결국 아버지가 고민하신 핵심은 '사람'이었다고 이야기한다. (고범석 목사 인터뷰, 2024년 2월 3일)

반송에게 젊은 시절의 고민이 '내가 어떻게 자라고 무엇을 하며 얼마나 열심히 해야 하는가'에 관한 것이었다면, 담임 목회자로서 열정으로 힘썼던 매일매일을 통해 누적된 상처와 아픔이 반송에게 준 과제는 결국 그의 삶의 화두라 할 수 있는 '목사는 어떤 사람이고 목사는 어떻게 살아야 되는가'라는 것이었다.

젊은 시절의 고민을 해결하기 위한 노력이 K교회에서의 치열한 열심이었다면, 그토록 치열한 열심과 노력과 좋은 결과들이 오히려 상처와 아픔으로, 그리고 실패라는 단어로 자신의 삶에 다가 왔을 때 가지게 된 고민은 부활교회를 개척하며 가지게 된 '교회는 무엇이며 목회는 어떻게 하는 것인가'에 관한 것이었다고 할 수 있다. 반송은 밤 11시 이전에는 거의 귀가하지 않았을 정도로 열정으로 K교회에서 사역했다. 그런데 결국 사람으로 인해 무너지고 실패하는 경험을 하게 된 반송은 교인에 대한 원망이나 분노보다는 목회자로서 자신을 성찰했다. 그리고 교회를 함께 섬기는 성도에 대해 전혀 새로운 시각을 갖게 된다. 목회자인 자신으로부터 시작된 이 진지한 성찰은 그 해결의 시작이 반송 자신에게서부터라는 문제 해결의 독특함을 갖고 있다.

> 반송의 자신에 대한 성찰은 "내가 하나님 앞에서 당당하고 충성된 종이라고 이렇게 인정받을 만큼 열심히 살아왔다고 자부했는데 내가 살아온 길이 과연 정답이었나, 결국은 교회가 깨졌는데… 그 가운데 모두가 상처를 받았는데…"라는 고민으로부터였다. (고범석 목사 인터뷰, 2024년 2월 3일)

"내가 옳은 일을 하면 성도들이 시간이 걸리더라도 이해해 주고 존중해 줄 거라고 생각했는데, 젊은 목사를 바라보는 성도들의 시각이 모두 그런 것은 아니었다."라는 것은 반송으로 하여금 생각의 변화를 하는 배경이 되었다.

반송은 교회를 열심히 섬기는 것에 우선을 두고 기성정치에는 혐오 내지는 기피하는 나름의 주관적인 생각을 하고 있었다. 당시 40대 젊은 담임목사였던 반송이 가지고 있었던 이런 노회와 총회에 대한 생각은 반송으로 하여금 노회에서의 활동에 열심을 가지지 못하도록 만들었고 이는 결국 다양한 소통의 부재를 가지게 했다. 훗날 이러한 소통의 부재는 결국 K교회에서의 사역을 마무리하는데 부정적인 결과를 가져오게 하였음을 보게 된다.

이러한 결과 역시 반송으로 하여금 자신이 생각했던 목회, 자신이 생각했던 목사의 삶에 관한 생각을 바꾸도록 만드는 배경이 된다. "내가 나의 세계관으로 노회 활동이나 목사님들이 의례적인 다양한 활동에 참여하지 않고 오직 내가 담임하는 교회에만 헌신했는데 그게 결국 잘했다고 평가할 수 있는 것은 아니었구나." 하는 자기성찰이 그것이라 할 수 있다.

반송이 자신에 대한 진지한 성찰로 새롭게 변모한 목회자는 오랜 기간 목회 사역에 함께 했던 김정자 은퇴장로가 언급한 것과 같은 그런 변화로 사람들에게 인식되었다. 그리고 그렇게 자신에 대한 성찰을 통해 드러난 한 사람의 목회자의 변화는 오랜 기간 목회사역에 함께 했던 김정자 은퇴장로가 언급한 것과 같은 그런 변화로 사람들에게 인식되었다. 부활교회를 개척하는 시작에 함께 했던 150여 명의 교인들은 K교회에서와는 여실히 달라진 목사의 변화를 알았고 충분히 그것을 느꼈다.

교인 한 사람 한 사람을 대하는 반송의 자세와 태도는 교인들로 하여금 이전에 담임목사에 대한 존경과 사랑을 충분히 업그레이드 시켜 주었다. 교인들은 반송이 사람을 품어내는 넉넉함에 감동하였고, 교회를 더 사랑하게 되었고 새 신자와 연약한 교우를 섬기는 어려운 역할들을 반송과 함께 감당하는 데 주저하지 않았다.

이제 반송은 '내가 옳은 일을 하면 성도들이 시간이 걸리더라도 그걸 이해해 주고 존중해 줄 것이다.'라는 자신만의 생각을 포기했다. 인간은 결국 인간일 수밖에 없다는 나름의 철학이 이때로부터 반송에게 새롭게 자리 잡았다. 아무리 목사이고 장로이고 성도라고 해도 여전히 인간은 인간일 뿐이었다. 그리고 그렇게 바라보게 된 "하나님께서 내게 맡겨 준 성도"들은 내가 도와주고 이끌어가야 할 존재가 아니라 그저 그 모습 그대로를 사랑하고 수용하고 받아들여 주어야 하는 존재인 것이었다. 그리고 그렇게 사랑받고 수용 받기를 바라는 가장 중요한 사람이 바로 "나"였다는, 그래서 그 "나"를 받아들이고 수용하기를 시작했던 반송의 자기 자신에 대한 성찰은 자신의 목회철학을 바꾸고 사람을 새롭게 이해하는 변화의 시작이었다. 그리고 바로 그 변화가 부활교회 교인들에게 뿐만 아니라 자신을 둘러싸고 있는 수많은 선배, 후배, 동료 목회자들에게도 반송이 힘과 위로의 존재가 되는 배경이 되었다.

3. 신념과 열정

반송의 세 번째 사회적 자기의 영역은 신념과 열정이라 할 수 있다. 그는 늘 다른 사람보다 앞장서 역할을 감당했고 사람들이 망설이며 감당하기를 꺼리는 그런 일들도 성공이라는 평가를 받는 긍정적인 결과로 만들어 내었다. 박위근 목사는 이를 '레드(RED)'라는 색으로 표현하며 "반송은 불가능을 가능으로 만드는 추진력을 가진 목사이고, 자신의 비전과 꿈을 실현하기 위해 어떤 어려움과도 맞서는 것을 두려워하지 않았다. (박위근 목사 인터뷰, 2024년 1월 15일)"라고 기억한다. 박위근 목사가 본 반송은 어려움은 대부분 극복하는 사람이었고, 그것이 어려울 때는 결국 다른 길을 찾아 그 일을 마무리하는 열정적인 리더였다.

반송은 교단의 미래와 서울장신대학교의 발전을 위해 물불을 가리지 않았으며, 그가 가졌던 교단과 서울장신대학교에 대한 신념과 그 신념을 이루기 위한 열정은 다양한 결실을 이루어 내었다.

반송은 당시 총회의 문제를 해결해 나가는 과정에서도 큰 역할
을 하였다. 교회 내에서 목사의 지위를 정의하는 원로 목사와 임시
목사 같은 제도를 바꾸는 과정에도 반송은 자신의 주장을 명확히
하고 이를 관철하고자 분투하였다. 불도저와도 같은 그의 열정은
때로 무엇에도 타협하지 않는 강력한 사람으로 비추어지기도 했지
만 때로 다른 사람의 주장에 동의하는 적절한 유연성을 보이기도
했다. 목사의 지위에 관한 규정에 있어서도 원래는 담임목사의 연
임 청원을 위한 기간을 7년으로 주장했지만, 자신의 주장과 다른
총회 내의 다양한 의견들과의 협의 과정을 거쳐 3년으로 하는 것
에 동의하기도 하였다.

그는 무엇보다도 교단 내 목회자 대물림 금지에 관한 단호함과 강한
신념이 있었다. 그는 교회와 교단 내에서 권력의 세습을 반대했으며,
이와 관련된 법안을 주도적으로 이끌었다.
총회장을 역임한 박위근 목사와 최기학 목사가 이러한 반송의 결단
력을 높이 평가해서 '반송이야말로 교단의 미래를 위해 올바른 방향
을 제시했으며 교단의 헌법을 존중하여 법을 지키는 것이 교단의 안
정과 미래를 위해 중요하다는 신념의 소유자'라고 했다. 박위근 목사

와 최기학 목사에게 반송은 총회의 산적해 있는 많은 문제를 해결하고 변화를 실천할 열정을 가지고 있는 매우 중요한 인재로 여겼다. 그래서 박위근 목사는 자신의 총회장 재임 때 아무런 직위도 없었던 반송을 교단장기발전위원회 위원장으로 세웠다. 그야말로 위원회의 명칭과 같이 교단의 발전에 대한 청사진을 제시하고 이를 실행해 나가도록 사명을 준 것이었다. (박위근 목사 인터뷰, 2024년 1월 15일)

총회장기발전위원장의 역할을 시작으로 반송은 10여 년이 넘도록 총회에서 특별위원회 위원장의 역할을 충실히 감당하였다. 총회에 엉뚱한 문제가 제기되어 갈등하고 번져서 소모적인 싸움이 벌어지는 걸 막아내었던 것은 이제껏 드러나지 않았던 반송의 역할 중 하나이었다. 민주적인 절차를 강조하는 통합 총회에서는 다양한 주장과 논의는 언제나 필요하고 당연한 일이었지만 때로는 고집이고 엉뚱한 주장일 경우도 종종 있었다. 그러한 주장이 총회에서 아무런 준비 없이 논의 되는 것은 본질이 아닌 엉뚱한 문제로 비화 되어 많은 시간과 에너지를 낭비하게 했기에 어떡하든 정리가 필요했다. 반송이 이 사안에 대한 서로 다른 다양한 의견을 가진 장로와 목사들을 설득하고 협의하여 적절한 결과를 끌어낸 일은 매우 중요한 보이지 않는 역할이었다. 반송은 또한 그 당시 우리 총회에서도 매우 중차대한 문제로 다루어졌던 교회 세습과 같은 사안에 대해서는 여러 가지 갈등의 요소가 있었음에도 사전 논의를 적절하게 진행하고 다양한 논리에 대처하여 나름의 결실을 거두었으며, 당시 산적한 문제로 제기되어 있었으나 섣불리 손대지 못했던 총회 조직과 관련된 여러 가지 제안을 대부분 관철시켰다.

특히 '전국신학대학총동문협의회'(이하 신총협)라는 인적 네트워크를 구축하는데 반송은 매우 중심적인 역할을 하였다.

반송은 그 당시 별다른 활동을 하지 않던 서울장신대학교 동문회를 하나로 통합하여 활성화하였다. 나아가 2004년 목회자 권익 보호 등의 목적으로 총회 산하 7개 신학대학의 동문이 참여하는 신총협을 발족하였다. 이렇게 만들어진 신총협은 총회를 발전시키고 건강하게 만드는 데 있어 매우 큰 역할을 감당하였다. 신총협을 통해 드러난 반송의 총회와 서울장신대학교를 향한 열정은 목회의 현장에서 힘써 목회하는 후배 목회자들을 다독이고, 선교의 현장에서 사역하는 선교사들을 지원하는 등의 실질적이고 의미 있는 결실을 보았다.

담임목사로서 최소한의 생활을 유지할 수 있는 대책을 교회가 세워 주어야 한다는 생존권과 분쟁이 심각했던 몇몇 교회에서 목사의 최소한의 인격도 지켜주거나 인정해 주지 않는 장로들이나 교회 평신도지도자들이 그렇게 하지 못하도록 나름의 법과 규정, 대책을 만들어야 한다는 인격권, 교회의 담임목사로서 당연히 가져야 하는 목회권 등의 세 가지 주장은 신총협을 통해 반송이 주장하고 이루려 힘썼던 당시로서는 파격적인 안건이었다. 오구식 목사는 이러한 반송의 삶을 다음과 같이 표현하기도 하였다.

"저는 목사님의 삶을 하나의 단어로 표현한다면 '생존'이라 말씀드리고 싶습니다. 목사님께서 항상 강조하신 것이 목회자의 '생존'이었습니다. 지방에서 목회하는 동문들에게 끝까지 견디고 버티며 살아남아야 한다고 하셨습니다. 또한, 서울과 지방의 차이를 극복하고, 서울장신대 출신으로서의 자부심으로 살아남아야 한다고 하셨기에, 그분의 삶을 표현하는 가장 적합한 단어는 '생존'이라고 생각합니다. (오구식 목사 서면 인터뷰, 2024년 9월 26일)"

신총협을 통해 제안한 이러한 담임목사의 기본권에 대한 논의는 당시 조직으로는 존재했지만 유명무실했던 미자립교회 대책위원회, 동방성장위원회 등 총회의 기구가 구체적이고 실제적으로 그 역할을 할 수 있도록 방향과 목표를 제시하고 이를 실천할 수 있게 하는 배경이 되었다고 할 것이다.

반송이 창립을 주도했고, 이후 자연스럽게 그 역할을 마무리한 신총협은 10여 년이 넘는 기간 동안 총회에 선한 영향력을 행사했다. 무엇보다도 총회장 선거의 변화는 우리 총회 선거 역사에 한 획을 그었다고 할 만큼 큰 사건이었다. 신총협을 통해 반송은 총회장 선거의 공정성과 부정선거 방지를 주장했고, 선거에 들어가는 엄청난 비용의 암묵적 경계를 만들어 내는 의미 있는 성과를 이루었다. 이는 금권선거, 부정선거를 지양하고 공정한 선거 문화를 정착시키는 데 큰 디딤돌이 되었다고 평가할 수 있다. 김태영 목사는 이러한 반송의 삶을 '따따블 인생'이라는 단어로 표현하며 그 이유를 다음과 같이 설명했다.

> 내가 알기로 고 목사님은 평범한 사람은 아니었습니다. 다양한 역할을 하시면서 무엇보다도 총회에 6년 정도밖에 안 나가셨는데도 총회에 많은 변화를 주고 총회장을 세우는 데 역할을 하고 총회에 획을 그을 만한 일들을 하셨으며, 가시는 곳마다 변화를 시키고 바꾸고 주도적으로 일하고 연합하고 창립하고 하는 일들이 따블 인생을 넘어 따따블 인생이라고 표현하고 싶습니다. (김태영 목사 인터뷰, 2024년 8월 27일)

반송은 앞에 나서서 어떤 자리를 차지하고 이를 위세로, 힘으로,

권력으로 사용하고자 하는 사람이 아니었다. 그러나 그는 그러한 역할을 할 사람들을 찾아내고 그들이 삶의 배경이 되는 학교와 지역이나 어디든 상관하지 않고 교단 내에서 그 역량을 발휘하여 쓰임 받을 수 있도록 지원하는 역할을 했다. 반송은 교단의 미래에 대한 나름의 분명한 신념이 있었으며, 이러한 신념을 이루기 위해 조직을 만들고 사람을 찾아 그 일에 헌신하게 함으로써 의미 있는 결과를 만들어 내도록 힘썼다. 반송이 가졌던 교회와 총회와 서울장신대학교를 향한 신념은 불도저와 같은 추진력을 가진 그의 열정으로 오랫동안 교회와 학교와 세상을 떠받칠 수 있는 든든한 기초를 세우는 데 의미 있는 결실을 보았다고 할 것이다.

4. 이상과 현실의 부조화

반송의 사회적 자기 이해에서 이상과 현실의 부조화라는 주제는 반송에게 오랜 세월 드러나지 않은 채 고여 있는 앙금 같은 회복되지 않은 아픈 부분이라 할 수 있다. 그의 이상은 높고 그 의미도 매우 크고 누군가는 당연히 추구했어야 할 정말 소중하고 올바른 방향이었으나 그가 마주한 현실은 녹록하지 않았다. 반송에게 현실은 어떤 면에서 불가능을 가능하게 했던 창조적 열정의 결실을 만들어 내는 자리이기도 했지만, 또한 현실은 그야말로 꿈속에서 만들어진 저 너머의 이념과 관념의 세상으로 변질되어 아무것도 아닌 것으로 결론 맺어지기도 하였다.

목사로서의 삶과 교단과 학교를 위한 반송의 신념과 열정은 이를 이루어 내기 위한 매우 구체적이고 현실적인 과정의 연속이어야 했다. 그건 손에 잡히는 매일매일의 지난한 과정이어서 한 걸음 한 걸음 걸어야만 하는 현실은 늘 녹록하지 않았다. 그러나 때로 반송에게 그 현실은 그냥 꿈이었고 넘어갈 수 없는 다리 너머의 이상이었다. 그에게는 그 과정을 견디고 또 실제적으로 무엇인가를 해야만 해야 했던 실천적인 영역의 부족함이라는 약점이 있었다.

그는 꿈과 비전으로 세상을 앞서가는 기독교 사상가이었고, 이를 이루기 위하여 인문학적인 배경으로 기독교의 핵심을 아울러 미래를 제시하는 학자였다. 그러나 반송은 이를 실행하기 위하여 구체적이고 세심한 한 걸음 한 걸음을 계획하고 이루어 나가는 실천가로서의 역할까지 완벽하게 수행하지는 못했다. 서울장신대학교의 발전을 위하여 제시된 다양한 비전들을 이루기 위해서는 구체적인 실천이 필요했다. 그런데 그 부분에서 반송이 보여준 한계는 많은 사람에게 아쉬움으로 기억되고 있다. 학교에 대한 독립성을 강화하거나 사이버대학 인수 등을 통하여 경기도 광주에 있는 지방대학으로서 또는 신학대학으로서 학교가 처한 한계를 극복하여야 한다는 몇몇 사람들의 권고는 반송의 현실적인 결단이 미루어지는 것으로 인해 결국 포기되었다. 이는 학교가 당시 놀라운 성장을 이루었음에도 결국 학령인구(學齡人口)의 저하라는 2020년대의 사회적 현실에 적응하지 못하게 되는 결과를 가지고 왔다는 점에서 아쉬움을 가지게 한다. 김홍천 목사는 이러한 반송의 현실적인 실천력의 부족에 대해 아쉬워하면서도 "그러나 그러한 그의 부족함이 사실은 그가 가지고 있었던 교단과 학교에 대한 신학적 비전과 열망이 얼마나 큰지를 보여주는, 그리고 그가 얼마나 진지하게 목회와 교육에 임했는지를 드러내 주는 하나의 증거가 된다. (2024년 1월 11일 김홍천 목사 인터뷰, 2024년 1월 11일)"라고 강조하기도 했다.

가장 가까이에서 아버지를 지켜본 아들로서 고범석 목사는 누구보다도 아버지의 실천적인 측면을 아쉬워하였다.

고범석 목사에게 있어 철저하게 선택과 집중의 원칙을 따르셨던 아버지는 목회자로서의 소명에 집중하셨고 그 소명에 맞는 길을 불도저처럼 걸어가는 분이셨다. 그렇지만 그 아버지는 그러한 과정에서 가장 소중하게 힘이 되고 위로가 되는 존재들인 가족이나 주변의 사랑했던 소중한 사람들에게 많은 아쉬움과 섭섭함을 가지게 했던 분이셨다.

굳이 고 목사의 이야기를 근거로 하지 않더라도 반송에게는 신념과 열정으로 추진하는 많은 일이 진행되는 과정에서, 때로 별거 아닌 그러나 세밀히 준비했다면 전혀 아무 일도 아니었을 문제들이 방치되어 있다가 이런저런 문제가 되기도 하였다. 목회자로서 정말 하나님께로 부터 받은 그 소중한 꿈을 이루어 가고자 투철하게 자신의 삶을 희생하는 과정에서도 반송은 구체적이고 실천적인 여러 가지 어려움에 조금 더 철저하지 못했고 그것은 결국 몇몇 영역에서는 그 한계를 넘지 못하게 되는 아쉬움을 가지게 했다.

우리 교단의 역사에 의미 있는 역할을 했던 신총협은 반송이 꿈꾸었던 교회와 목회자의 미래를 위해 마음을 같이 하는 목회자들의 공동체였다. 그러나 신총협은 반송 이후의 리더십을 형성하지 못했고 이제 그 시대적 역할을 마감하고 역사의 뒤안길로 사라져 가는 자리에 있게 된다. 인터뷰에 참여해 주신 많은 분이 이를 무척이나 아쉬워하며 그 이유로 제시한 것은 리더십의 부재라고 할 수 있다. (최기학, 김홍천, 고범석 목사 인터뷰) 그 리더십의 부재는 반송의 사람을 향한 넉넉한 마음이 그 하나의 이유가 되고 함께 꿈꾸었던 저 멀리의 목표와 비전을 실천해 나갈 수 있는 구체적 실천가로서의 부족이 또 하나의 이유가 된다.

물론 가장 중요한 이유는 7개 신학대학의 수많은 동문 들이 총회의 다양한 환경 가운데 한목소리를 낼 수 있는 것이 사실상 불가능하다는 태생적인 한계에 있음을 결코 부인할 수 없다. 그렇기에 인터뷰에 참여한 분들의 반송에 관한 아쉬움은, 부족함에 관한 아쉬움이라기보다는 그 역할을 했던 반송에 관한 안타까움이라고 할 수 있다. 10년이 넘도록 그 명맥을 유지하고 실질적으로 교단에 나름의 영향력을 통한 변화와 발전을 이룬 반송의 역할과 그 결과는 사실 누구도 그가 능력이 부족하다거나, 반송이 제시한 비전과 목표가 틀렸다거나, 실천력이나 리더십이 부족했다거나 하는 방식의 평가를 제기하기는 어렵기 때문이다.

반송의 청각장애는 그가 이상적인 삶을 살아가게 하는 주요한 이유였다. 어린 시절 가지게 된 청각장애는 반송이 중학교와 고등학교, 대학 생활에서 사람들과 소통하는 데 큰 환경적 장애였다. 그러한 자신의 장애에 대하여 어떤 생각으로 살았는지 우리는 알지 못한다. 많은 사람에게 반송의 신체적 장애는 마침내 그 장애를 극복해 내고 뜨거운 삶에 대한 열정으로 그가 재직했던 학교에서도, 목회자의 삶을 결심하고 도전했던 목사로서의 삶에서도 결국 의미 있는 소중한 성취를 이루어 내었다는 점에서 존경의 이유가 되었다.

그런데 그의 청각장애는 원천적으로 타인과의 소통을 어렵게 했음도 부인할 수 없는 사실이었다. 학창 시절 늘 혼자였던, 아니 근본적으로 혼자일 수밖에 없는 반송의 청각장애는 무엇보다도 다른 사람들과의 심리적인 소통에 대한 노력에 한계를 가져왔다. 그런 한계는 반송이 타인과의 소통을 위한 열심과 노력에 상관없이 목회의 현실에서, 총회 정치의 현장에서 드러나곤 했다. 그 한계는 반송 스스로가 가지고 있었던 소통을 위한 열심과 노력에 상관없이 목회의 현실에서, 총회 정치의 현장에서 다른 사람들로 하여금 나의 자세와 태도를 오해하게 만들고 왜곡하게 만드는 원인이 되곤 했다. 그래서 순탄하게 해결될 많은 당면 문제들이 오히려 더 크게 확대되거나 해결하기 어렵게 되어 버리는 상황이 만들어지고 이는 곧 반송이 가졌던 선한 의도의 몇몇 사역이 실패라는 결과로 귀결되도록 한 매우 중요한 이유가 되기도 하였다.

우리 연구자들은 반송의 사회적 자기를 '소명과 헌신', '힘과 위로', '신념과 열정', '이상과 현실의 부조화' 등 네 가지 큰 주제로 구분하여 연구를 진행하였다.

반송은 목회자로서 소명을 중요하게 여겼고, 그 소명을 지키기 위해 자신의 삶을 헌신하였다. 그는 치열한 삶의 여정을 통해 사람들이 생각지 못한 꿈과 비전을 제시하였고, 이를 이루어 나가기 위한 열정적인 삶의 과정을 살아내었다. 그가 가지고 있었던 소명과 이를 이루기 위한 헌신은 우리 교단의 발전에 밑거름이 되었고 지금의 서울장신대학교를 있게 한 원동력이 되었다. 그의 깊은 인문학적 지식과 통찰은 그가 목회자로서 자신의 삶을 고민하고 미래를 꿈꿀 수 있는 배경이 되었으며, 성도들에게 기독교 세계관의 가치와 역량을 확장시키고 세상을 보는 안목을 넓히도록 이끌어 주었고, 이를 통하여 성도들 자신의 삶을 깊이 있게 성찰하도록 하는 목회적 결실을 얻게 하였다. 나아가 이러한 인문학적 삶의 배경은 그에게 다른 목회자들이 생각지 못했던 중요한 주제들을 교회와 교단, 학교와 세상에 제시하도록 인도하는 매우 중요한 도구였다고 할 수 있다. 사회적 자기에 대한 이해를 통해 본 반송은 무엇보다도 그가 목회자로서의 철학과 인생에 대한 인문학적 지식과 지혜로 깊은 성찰의 삶을 산 사람이었음을 보여준다고 하겠다.

반송은 그토록 아픔으로 경험했던 사람들을 가슴에 품고 예수의 마음으로 그들을 섬길 줄 알았던 진실한 목회자였다. 무엇보다도 반송은 건강한 목회자들이 교회를 든든하게 하는 우리나라의 기독교와 교회를 평생 꿈꾸었다. 그래서 그는 자신이 삶의 여정을 통해 가지게 되었던 지식과 경험을 바탕으로 총회와 서울장신대학교의 현실을 통찰하고 이를 실천적으로 적용하여 모두가 함께 걸어가야 할 미래로의 방향을 제시하고 이끌어 갔던 사람이었다.

Eagerness

제3편

반송 고시영 목사의
인문학적 성찰과
목회 신학적 분석

들어가는 말

　지금까지 제1편과 제2편에서 반송 고시영 목사의 삶을 심리학적
인 관점으로 재구성했다.

　제1편에서는 반송이 가졌던 핵심 가치를 살펴보기 위해 반송의
저서들을 빅데이터로 분석했다.[2]

　그 방법으로 그의 저서에서 그가 자주 사용했던 단어와 표현을
데이터화 하였다. 단어 사용 빈도 조사에서 1~10위까지의 단어는
나, 인간, 삶, 우리, 사랑, 가을, 사람, 하나님, 꽃, 자연 순으로
나타났다. 개체명 인식에서는 한국교회, 교회, 기독교, 하나, 신학
대학, 여호와, 그리스도인, 현대, NCC(National Council Churches),
정부, 고속도로, 일, 어머니, 여인, 아들, 지도자 등과 같은 단어를
즐겨 사용하였다.

---

2) 반송의 저서 9권을 텍스트로 수집하여 74,887개의 단어를 추출했고, 긍정 감
　성 어휘 490개, 부정 감성 어휘 275개로 총 765개의 감성 어휘를 분석했다.

이런 언어 사용의 빈도를 조사하는 연구에서 도출할 수 있는 것은 반송이 평상시 무슨 생각을 했는지, 이런 단어 사용이 어떻게 그의 가치관이나 삶의 내용에 녹아 들어가 언어로 표현되었는지 중요한 단서가 되기 때문이다.

제2편에서는 반송의 사회적 자기 이해를 다루고자 상징적 상호작용 이론으로부터 연구를 시작했다.

상징적 상호작용 이론에서는 "자신을 보는 타인의 태도에 대한 평가과정이 자기개념을 형성하는 데 매우 중요한 역할을 한다. (Mead, 1934)"고 했다. 인간은 사회라는 틀 안에서 살아가는 존재이며, 그 사회 안에서 어떻게 평가되는가는 자기개념을 형성하는데 중요한 배경이 된다. 그래서 반영 평가와 분석, 해석은 한 사람을 삶을 이해하는 데 매우 중요하다.

반송을 기억하는 지인들은 반송에 대하여 신앙적 책임감과 소명이 분명한 사람이라는 데 공통된 의견이었다. 반송은 사회적 자기의 영역 분야에서 힘과 위로를 특히 강조했는데 이는 반송이 주변 사람들을 바라보는 관점의 반영이다. 청각장애였던 반송은 소외와 고독을 경험했고, 인문학에 정진하면서 인간에 대한 깊은 연민을 가졌다. 이것이 그의 가치관 형성에 영향을 미쳤으며 인간(타인)에 대한 위로를 매우 중요하게 생각했다. 그는 이런 부분에서 제도적으로 개선하려는 노력과 실천 의지가 강했기에 사람들은 그를 신념과 열정의 사람으로 평가한 것이다.

제3편에서는 반송의 인문학적 성찰과 목회 신학적인 분석을 다뤘다. 빅데이터를 통해 분석해 낸 단어들과 그의 가치관이 어떻게 형성되었는지 체계적 방법론으로 분석했다. 또한 반송이 가졌던 인간에 대한 연민이 동료 목회자들과 사회적 약자에 대해 어떻게 나타났으며 그들을 돕기 위한 하나님의 동역자들은 어떠해야 하는지를 살펴보았다.

반송은 인문학적인 성찰로 인간을 정의하고 이해하려고 노력하였다. 이것이 약자에 대한 연민으로 구체화했고, 그의 동지들과 한국교회를 향해서는 열정으로 표현되었음을 도출할 수 있었다.

따라서 제3편에서는 반송의 연민과 열정이 어떤 체계를 통해 구체화했는지 신학적으로 분석했고, 그의 가치관과 사람에 대한 인문학적 성찰과 연민이 어떤 체계를 거쳐 열정으로 구체화 되었는지 살폈다. 반송의 이런 노력이 지금 어디까지 진행되었으며 그 결과는 어디까지가 한계였는가를 해방신학적 방법론으로 교육적 차원과 사회적 치료 차원을 적용하여 살펴보았다.

신학적 방법론은 3가지이다. 우선 "개인의 살아가는 방식과 가치관, 모든 선택은 그가 처한 환경과 밀접한 관계가 있다."라고 주장한 래리 켄트 그래함(Larry K. Graham)의 체계적 신학 방법론을 택했다. 이는 반송의 저서에 나타난 주요 용어와 그의 가치관이 어떤 과정을 통해 형성되었고 작용했는가를 살피기 위함이었다.

두 번째로는 하나님은 항상 사람을 통해 일하시는데 하나님의 동역자 '호모 코퍼라치오 데이(Homo Cooperatio Dei)'라는 용어를 사용하여 어떤 사람이 하나님의 동역자인지, 반송은 어떻게 하나님의 일에 동역했는지를 살펴보았다. 또 하나님의 동역자가 가져야 할 5가지 동역자 개념과 반송의 역할을 정리했다.

세 번째로는 임마누엘 라티(Emmanuel Y. Lartey)의 해방신학적 목회 실천을 통해 반송이 추구했던 목회적 약자에 대한 노력을 살펴보려고 했다. 임마누엘 라티는 소외되고 억압받은 자에게 헌신하는 사회적 성숙성의 목회 실천을 주장했다. 그가 말하는 변화와 혁신을 위한 교육적 차원의 모델과 사회 치료적 차원의 모형을 제시했다. 라티의 모형을 대입하여 반송이 시도했던 한국교회의 혁신 주제와 그가 벌였던 개혁운동의 성과와 보완점을 살펴보았다.

어린 시절 반송은 제주도에서 성장했다. 제주도를 본관으로 하는 한국의 성씨로는 고(高)씨, 양(梁)씨, 부(夫)씨이다. 반송은 토속 세 가문 중 고씨 가문 집성촌에서 성장했다.3)

영민했던 그는 꾸준한 독서와 성실로 학교생활을 했으나 열병을 앓고 나서 청력을 잃는 장애를 가졌다. 학교생활은 청력의 약화로 학생들과의 소통이 단절되었고, 그럴수록 반송은 상대적으로 독서에만 집중하였다. 그 덕에 그는 일찍부터 세계문학과 철학을 탐독하여 다른 동년배 친구들보다 깊이 문학과 인문학에 집중했다.

반송의 유년과 청소년, 대학 시절은 한국사에서 격동의 시기였다. 6·25 전쟁 후 폐허가 된 터전에서 살기 위해 몸부림치는 시기였고, 경제부흥을 위한 도약의 시기, 민주화를 열망하면서 민중들이 일어나는 격동의 시기였다. 청력을 잃은 반송은 장애로 인하여 학창 시절 내내 폭넓은 교제를 하지 못했다. 제주도에서 서울의 명문대학에 진학한 반송은 분출되는 열정, 젊은이들이 독재 타도를 외칠 때, 그는 잘 듣지 못했기에 그들과 소통하며 함께 할 수 없었다. 그는 대학 시절 젊은이답게 앞장서서 지성적 책임을 다할 수 없었다고 했다. 그래서 찾은 출구가 도서관이었고 인문학에 더욱 몰두하게 되었다. 전공이 문학과 평론이었기에 그는 동서양의 철학을 섭렵하면서 인문학적인 지평을 넓혔다.

고등학교 교사가 된 그는 성경과 국어, 문학에 대해 강의했고,

---

3) 제주 고씨는 제주지역에서 여러 대를 살아오면서 집성촌을 형성했는데, 이들은 주로 제주도 내 주요 가문으로 자리 잡았고 고유의 문화를 형성했다. 이는 당시 중앙정부의 통제력에 비해 지방의 독자적인 자치 성향이 강했던 제주도의 특성에 기인한다. (박상철, 1998)

문학평론가로서 꾸준한 집필활동도 하면서 인문학적인 통찰력을 예리하게 넓혔다. 하나님의 부름을 받고 늦은 나이에 신학을 공부하면서 학교를 떠난 반송은 철학과 인문학의 터전 위에 하나님과 인간, 인간의 본질과 복음 그리고 인간의 속성인 오만과 죄성, 변하지 않는 인간의 근원적인 실존을 계속 고민했다.

목사안수를 받고 반송은 K교회에 부임하여 담임목사로서 열정적인 목회를 했다. 반송에게는 청각장애가 있었지만, 자기의 능력으로 뭔가를 이루어 목회적 성취를 얻고자 했다. 그만큼 그는 교회 성장에 온 힘을 기울인 결과, 교회는 상당히 성장했다. 그런 와중에 골이 깊어지는 교인들과의 갈등, 여전히 변하지 않는 교인들, 인간의 이중성과 죄, 수치심과 자기변명 등 그들의 이기심으로 인하여 많은 시련을 겪어야만 했다.

반송이 이때 겪은 시련을 통해 얻은 교훈이 인간의 본질을 바르게 이해하지 못하고는 바른 목회를 할 수 없다는 것이었다. 이때부터 반송의 목회와 세계관은 달라지기 시작했다. 그는 K교회를 떠나 지지자들과 함께 부활교회를 개척했다. 그러면서 목회자들의 비참한 삶의 실존을 경험했다. 이 일을 계기로 반송은 상처를 입은 목회자들의 생존권과 목회권, 인격권 등 삶의 기본권이 보장되어야 한다는 생각과 한국교회도 변화되어야 한다고 생각하게 되었다.

이것이 훗날 신총협(전국신학대학교 총동문회협의회)을 출범시키는 동기가 되었고, 목회자에게는 최소한의 생존권과 기본권을 주장하게 했다.

목회자에게 최소한의 기본권(목회권, 생존권, 인격권)을 보장해야 영혼을 돌보는 바른 목회를 할 수 있다는 그의 주장은 매우 설득력이 있었고, 목회자들에게 큰 호응을 얻었다.

반송의 목회자 회복 운동은 일반적인 교권 정치와는 달랐다. 신총협에서 주장한 목회자의 기본권 보장 운동은 목회자도 인간이며, 인간으로서 최소한의 존중이라도 받아야 한다는 인문학자로서 또 철학자로서의 성찰에서 나온 것이다. 이는 하나님과 복음의 본질, 인간의 실존과 죄성 그리고 목회자의 열악한 현실 장벽에서 터져 나온 피맺힌 절규였다. 동시에 이는 한국교회의 어두운 그림자, 곧 교권과 금권, 부정적인 정치에 대한 신앙 성찰과 회복 운동으로부터 시작된 것이다.

반송은 하나님 앞에 선 신앙 양심을 가진 목회자로서 목회자의 기본권 보장 운동을 시작했는데 이러한 정신과 가치가 반영된 신총협의 활동은 그만큼 영향력도 컸다. 그는 교단의 장기 발전위원회 등을 10년간 이끌면서 교단과 기독교계에서 가장 영향력 있는 활동을 전개했다. 그 사역의 중심에는 반송이 자기 몸처럼 사랑했던 서울장신대학교가 있었다. 서울장신대학교는 반송의 모교로서 상처 난 자아와 동일시된 대상이었고, 약자로 대변된 목회자의 상징과 같은 곳이었다. 서울장신대학교는 그가 보호하고 싶었던 어머니 품 같은 모교로 그가 혁신적 실천을 시작했던 곳이기도 했다.

반송이 비록 혁신과 인문학적 성찰을 지닌 이상적인 교회의 꿈은 다 이루지 못했지만, 그래도 그는 한국교회의 급성장과 그 이면에 드리운 어두운 그림자 사이에서 변화를 추구했으며, 그의 열정적인 개혁적 활동들이 한국교회의 미래를 위해 적잖은 파장을 일으켰다.

그래서 그의 심리전기 핵심 키워드는 인문학적 성찰과 연민, 여기에서 발전된 소외된 인간과 생존의 문제, 그것을 해결하려고 바른 신학을 세워야 한다는 그의 절규가 심리전기의 중심축이 되었다.

제1장

∽

체계적 이론으로 접근하는 반송의 인문학적 성찰

　'인문학적인 성찰'은 그리 흔한 주제가 아니다. 인문학을 전공하거나 그것에 심취한 사상가가 인문학적으로 세상과 인간, 복음과 하나님, 인간의 본질을 정의한 것이 기독교적 인문학적인 성찰이다.

　반송은 어린 시절부터 인문학에 깊이 매료되어 많은 독서를 했고, 동서양의 철학과 신학, 문학 사상에 통달했다. 반송의 인문학적인 훈련과 철학적 성찰의 시작은 인간의 본질을 이해해야 바르게 목회할 수 있다는 그의 주장에서 찾을 수 있다. 사람은 누구나 자기가 접한 문화에서 영향을 받고 그곳에서 삶의 가치를 발견한다. 반송도 예외는 아니었다. 반송이 목회자의 실존을 언급하고 기독 사상가로서 교회와 사회를 특별한 관점으로 보는 것은 그가 속한 문화와 환경에서 나온 것이다.

　제1장에서는 Larry K. Graham의 체계적 이론을 통해 반송의 환경과 지성적이고 신앙적 가치 형성이 어떻게 연계되었는지 설명하고자 한다.

1. Larry K. Graham의 체계적 방법론

　그래함(Graham, 1992)은 "개인의 살아가는 방식과 모든 선택은 각 개인이 처한 환경과 밀접한 관계가 있다."라고 보았다. 그는 이러한 연계성을 그의 저서 『Care of Person, care of Worlds』에서 목회적인 돌봄과 상담에 대한 심리 체계적 접근 방법을 제시하면서 "이 체계적 방법의 가장 큰 특징은 우주의 모든 요소는 서로 연결되어 있다."라고 설명했다. 즉 인간은 개인적인 존재이지만 동시에 가족·사회·문화·자연·우주 전체와 상호 연결된 공동체적인 존재이다.

　그래함의 이론적인 배경은 대상관계이론과 가족체계이론, 과정신학과 해방신학, 여성 신학에 기초를 두고 있다. 한 개인이 가치관이나 이데올로기, 혹은 어떤 선택했을 때, 이를 엄밀히 따져보면 가족과 문화, 그 사람이 경험하고 학습한 지성, 그리고 그가 처한 환경과 시대적인 요청이 다 망라하여 결정되었다고 보는 것이다.

그래함이 말하는 체계적 사고에는 다섯 개의 개념이 들어있다.
첫째, 우주의 모든 것이 상호 관계 속에 서로 연관되어 있다. 그러나 이러한 상호 관계는 항상 즉각적이거나 직접적인 것이 아니며 항상 분별할 수 있는 것이 아니다. 둘째, 우주의 구성요소는 서로 연관되어 조직된 총체이다. 우주는 상호 관련된 하나의 체계이며 하부체계들로 구성되어 있다. 셋째, 모든 체계는 항상성, 균형과 자기 유지를 가지는데 안정성과 체계의 지속성을 유지하기 위해 상호적 교류를 시도한다. 넷째, 상황 안에서의 창조성이 강조된다. 비록 체계는 자기 유지적이지만 제한적 자유를 가지는데 이는 각 부분이나 전체의 특성은 다른 것들과의 관계 속에서 상대적 자율성만 갖는다. 한 부분의 변화는 전체에 영향을 미치고 전체의 변화는 각 부분에 영향을 미친다. 다섯째, 과정 신학적인 배경 안에서 모든 것이 의존 관계에 있다. 각 요소는 환경으로부터 내용을 끌어오고 반대로 환경은 자신이 만든 요소들의 기여로 형성된다.

그래함은 이러한 체계적인 사고의 배경 아래서 정신적인 체계를 경험의 '실체 · 사람 · 가족 · 사회 · 문화 · 자연' 등 6가지의 실제로 조직했다. 그는 인간은 개인적인 존재지만 동시에 가족 · 사회 · 문화·자연·우주 전체와의 관계 안에서 살아가는 공동체적 존재라고 보았다. 한 개인을 이해하려면 개인의 성향이나 기질, 성장배경이 되는 가족과 사회의 체계, 그 시대의 정신과 가치, 사람이 접했던 문화와 자연환경, 국가와 세계, 우주(영적인 체계)까지 유기적으로 살펴야 하고 거시적인 접근을 해야 한다.

이와 같은 다양한 체계는 인간이 태어나면서부터 서로 영향을 주고받는 삶의 밀접한 구성 요소들이다. 그것들은 서로 독립적이면서도 서로 연결되어 있는 그물망과 같은 구조이다. 이러한 정신체계적인 조직은 5가지 심리체계에 의해 역동적인 변화를 이루면서 발전한다.

상황적 조직구성(contextual organization), 상황적 창의성(contextual creativity), 양극적 힘(bi-polar power), 경쟁하는 가치(contending values), 상호적 거래(reciprocal transactions)로 이루어진다.

Graham의 체계적인 이론을 표로 표시하면 다음과 같다.

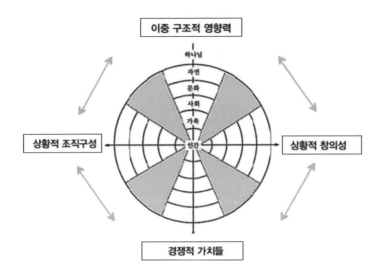

〈그림 5〉 Graham의 체계적 이론 도표

그림에서 '상황적 조직구성(contextual organization)'은 정체
성과 지속성을 가지게 하는 구성적인 요소를 말한다. 한 개인이나
가족 혹은 사회의 질서를 살펴보면 그 사회 나름의 가치와 정체성,
언어와 문화가 있게 마련이고 이를 이끄는 힘과 지탱하고 유지하
는 힘이 존재한다.

'상황적 창의성(contextual creativity)'은 현재의 구조와 틀에
서 새로운 가능성을 향해 나가려는 역동성(지향성)이다. 어떤 조직
이든 성장과 자기 변화, 혁신적인 욕구와 변화의 지향성은 항상 존
재한다. 이를 이끄는 건 변화와 질서의 재편을 요구하는 힘이다.

이 양극적인 힘(bi-polar power)은 영향력이나 힘을 주고받는 체계 내에서 각 요소가 가진 능력을 말한다. 체계적으로 조직화 된 세계는 안정과 변화를 추구하는 힘의 교환이 항상 존재한다. 힘은 언제나 행위와 수용을 결합한 이중구조이다. 힘이 창의성을 위한 에너지라면 수용은 자원이나 상황의 한계에 민감하다.

그다음으로 '경쟁하는 가치(contending values)'는 과정신학의 용어로 지탱과 변화 사이에서 존재하는 우선적 가치를 말한다. 즉 어떤 것이 우선해야 유익한가를 정하는 갈등 구조이다. 개인은 악을 선택함으로 하나님의 지향성과 목적을 외면할 수도 있고, 선을 택하여 하나님의 목적성을 실현할 수도 있다. 이때 작용하는 최후의 가치는 선택자가 어떤 가치관과 신앙을 가졌는가에 따라 달라진다. 이 작용이 경쟁하는 가치이다.

그림에서 '상호적 거래(reciprocal transactions)'는 지탱의 힘과 변화의 역동 속에서 상호 양극적인 힘이 작용하고 결국은 우세한 힘이 거래를 완성한다. 상호교환, 창의성의 경로, 힘의 기여, 가치에 관한 대화와 체계가 다시 조직화되는 과정을 말한다.

가. 개인의 약점을 집단화로 보완하려는 반송의 심리적 역동

빅데이터를 분석한 결과 반송이 자주 사용했던 단어들은 빈도 조사에서 1~5위까지의 단어는 나·인간·삶·우리·사랑·순으로 나타났다. 개체명 인식에서는 한국교회, 하나, 신학대학, 여호와, 그리스도인이었다. 반송이 이 단어를 빈번하게 사용한 것은 우연이 아니다.

그래함이 제시하는 첫 번째 주제인 사람(개인)은 자신과 마주하는 환경에서 개인의 특성을 만들어 간다. 반송이 나와 인간, 삶, 우리, 사랑이라는 말을 사용한 것은 그의 성장과 장애, 소외자로 살았던 자신이 가진 삶의 자리에서 나온 말들이다.

그는 어린 시절 갖게 된 청각장애가 사람과의 소통 부재로 이어졌고, 그로 인해 자기만의 동굴에서 책을 읽었다. 그 자신은 약자(콤플렉스)였다. 그는 제주도의 씨족 집성촌의 연대 의식과 공동체 배경에서 성장했다. 제주 고씨 가문은 제주 안에서 꾸준한 연대와 공동체 의식을 유지하고 있는데, 매년 열리는 제주 고씨 문중 모임이나 행사를 통해 지역 사회와의 유대감을 강화하며, 혈족 간의 결속을 통해 제주도 지역 사회 안에서 공동체 의식을 함양하는 데 기여하고 있다. 이러한 활동들은 제주 고씨의 집성촌과 문중이 여전히 제주도의 역사와 문화를 대표하는 중요한 역할을 하고 있음을 보여준다. (최상호, 2021) 이는 제주도의 집성촌이 가지는 공통적인 특징이다. 그들은 집단화를 통해 자신의 약점을 커버하고 자기 존재의 안정화를 한다. 그 흔적이 아직도 제주도에는 남아있는 것이다.

개인은 자신의 약점으로 인해 낮아진 자존감을 보완하기 위해 집단에 소속되려는 속성이 있다. 심리학자 페스트링거(Festinger, 1954)의 사회적 비교 이론에 따르면 "사람들은 자신의 능력이나 특성을 타인과 비교하여 자아존중감을 형성하고자 한다. 이때 약점을 가진 개인은 자신과 유사한 약점을 지닌 집단에 속하면서 자신의 약점을 상대화하고 심리적 위안을 얻는다. 이러한 심리적 기제는 자아존중감을 유지하기 위한 기본적인 방어 메커니즘으로 작용하기 때문에 집단 속에 있는 사람들은 그 울타리를 벗어나려 하지 않고 그 안에서 안정을 누린다. 집단 동일시는 개인이 자신을 집단과 동일시하며 집단이 가지는 능력이나 특성을 자신의 것으로 내면화하는 과정이다."

사회학습 이론가 반두라(Bandura, 1997)의 자기효능감 이론에 따르면 "개인은 소속 집단의 특성을 자신의 약점 보완에 활용할 수 있다. 이는 집단의 강점이 자신에게도 긍정적인 영향을 줄 거라는 심리적 확신을 통해 자기효능감을 높이는 효과가 있다."라고 하였다.

제주도에서 살았던 반송도 예외는 아니었다. 그는 제주의 고씨 집성촌 이야기를 자주 하지는 않았지만, 본토에서 멀리 떨어져 취약한 제주도에서 사회, 정치, 경제적 영향력을 얻고 유지했던 제주 고씨의 연대 의식을 장점으로 강조했다.[4]

반송은 청력장애로 인해 여러 사람과 친밀한 교제하는 것이 불가능했고, 세상 문제에 리더십을 가지고 앞장서는 것은 어려웠다. 그러나 반송은 끊임없는 독서로 인문학적 소양을 넓히면서 고등학교 교사, 인문학 연구자, 문학평론가로 빛나는 활동을 했다. 거기에 성경 교과서 집필과 문학평론, 인문학 칼럼니스트, 집필자로 왕성한 활동을 하였다.

그러는 중에 하나님의 부르심을 깨닫고 신학을 하고 목사가 되었다. 그가 목회자가 된 이후 두 가지 충격적인 경험을 했는데 이는 그의 가치관에 큰 영향을 주었다. 첫 번째 충격적인 경험은 반송이 낮에는 교사로 강단에서 가르치고, 밤에는 신학 공부하면서 목회자의 길을 걸었을 때 경험했던 일들이다.

그때 만났던 학우들은 하나님을 향한 뜨거운 가슴을 가졌으나 그들의 삶이 너무나 열악했다. 당시 교역자들에게 그 누구도 생활을 보호해 주지 않으니 고단했다. 반송이 담임목사로 첫 부임했

---

4) 황해국 목사 인터뷰(2024.04.15.), 반송은 자주 "나는 고향을 버릴 수 없다."라는 말과 "약자가 살아남는 길은 연대와 공동체 의식을 함께 갖는 것이다."라는 신념을 강조했다. 그는 특히 '동지'라는 단어를 사용하며, 공동체 의식을 나누고 함께하는 삶의 중요성을 자주 이야기했다.

을 때, 교회를 부흥시키는 것이 자신의 사명이라 생각하고 그는 열과 성을 다했다. 그는 청각장애라는 신체적 약점이 있기에 더 노력하여 그 약점을 보충하려는 의지가 강했다. 그래서 밤낮없이 목회에 전념하여 교회가 부흥했다. 그러나 교회의 내분으로 목사는 내몰리고 부당한 인격적 모욕을 당했다. 그가 받았던 억울한 현실은 불합리함 그 자체였다. 그는 목회하면서 혁신적인 목회를 제안하고 최선을 다했지만, 오히려 교회에서 배척당하는 신세가 되고 말았다. 그 후 반송을 지지해 준 150여 명과 부활교회를 개척하여 그의 목회관을 지키면서 인문학적 성찰을 하는 교회를 세울 수 있었다.

첫 번째 목회의 쓰라린 경험에서 그는 목회자 대부분이 약자라는 점이었는데 이것은 두 번째 경험과 연결된다. 반송이 만났던 목회자들은 주로 열악한 환경에서 목회하는 서울장신대학교 동문이었다. 이들은 사명감 하나로 개척하여 목회를 시작하여 교회를 섬겼지만 늘 사회적 약자였고, 그야말로 밀알이 되어 어디든 가서 밀알로 썩어지는 사역자들이었다. 그들은 제도권 교회에서는 힘이 없는 약자로 자기 소신이나 목소리를 낼 수 없는 목회자들이 많았다.

반송은 이들에 대한 공감과 애정을 많이 가졌다. 이는 반송 자신 삶에 대한 투시이기도 했다. 그래서 반송은 교역자들도 현대사회를 살아가는 사람이기에 그들의 생존권과 목회권, 인격권이 보장되어야 한다. 이를 위해서는 동지로서 연대 의식이 필요하다는 생각을 하게 되는데 그의 제주 집성촌 삶의 자리에서 나온 연대 의식의 반영이다.

"개인은 자신의 약점으로 인해 느끼는 스트레스를 해소하기 위해 집단의 정서적 지지를 찾는다. 사회적 지지 이론에 따르면, 집단 내에서 경험하는 정서적 지지는 개인의 스트레스 감소에 긍정적인 역할을 한다. 집단에 속함으로써 다른 구성원으로부터 위로와 격려를 받고, 이는 약점에 대한 스트레스를 덜어준다. 내향적이거나 불안한 성향의 사람들이 자신과 유사한 사람들로 구성된 집단에서 안정감을 느끼는 주요 요인 중 하나이다(House, 1981)."라고 했듯이

개인은 집단의 압력에 동조하면서 약점을 덜 부각하려는 방어기제를 사용하기도 한다.

아쉐(Asch, 1956)의 동조 실험은 개인이 집단의 의견에 동조함으로써 자신의 약점이나 다른 견해를 집단 속에 숨기고자 한다. 이는 개인의 약점이 타인에게 노출되지 않기 위한 심리적 방어 메커니즘이기도 하다. 반송에게 있어서 자신과 서울장신대 동문들은 사회적 약자였고, 연대해야 할 동지이며, 하나가 되어 정서적 위안

을 얻기도 하고 거대집단의 압력에 대한 자기방어의 동역자이기도 했다. 그래서 그가 사용하는 단어에는 나와 인간, 삶, 우리, 사랑, 동지란 말이 압도적으로 등장하게 된 것이다.

나. 약한 어머니를 보호하려는 심리적 역동

반송이 사용했던 단어의 개체명 인식에서 살펴보면 '한국교회 · 교회 · 우리 · 하나 · 신학대학 · 여호와'라는 단어가 10위 안에 들어있고, 대상물과 관련된 개체명에서는 '고속도로 · 일 · 기쁨'이 많이 등장한다. 문명 관련 개체명에서는 '어머니 · 여인 · 아들 · 귀족 · 교인'이 5위까지였고, 대상 관련 개체명에서는 '하나님 · 예수 · 이스마엘 · 장발장 · 베드로'가 5위까지 등장했다. 이같이 언어 사용의 빈도 조사를 하는 것은 이런 단어가 반송의 의식을 반영하기에 의미가 있다.

반송은 어릴 때의 열병을 앓고 난 이후 갖게 된 청각장애로 인해 주류에서 항상 소외된 위치에 있었다. 그의 엄청난 잠재적 에너지가 있었으나 다른 사람과 소통할 형편이 되지 못해서 늘 주변인이었다. 그래서 대학 시절, 남들이 하는 민주화 운동의 현장에 나가보지 못했다. 그럼에도 그는 주변인들에 대한 애정을 가졌다. 그 대상은 성장과 번영의 그림자를 품은 상처 난 한국교회였고 묵묵히 홀대받으면서도 사역하는 목회자들이었으며 그가 주경야독했던 서울장신대학교였다.

한국교회는 1970~1990년대까지 대한민국의 경제적 급성장과 신도시의 팽창, 성장 중심의 신학을 가지고 세계적인 교회로 성장했다. 그러나 성장의 이면에 드리운 그림자가 존재했다. 반송은 교회 성장의 이면에서 신음하는 어머니 품 같은 한국교회를 바라보며 아파했다. 그 구체적 실체로 서울장신대학교의 현실을 보게 되었다.

예장 총회에는 장로회 신학대학을 비롯해서 각 지역의 신학대학교가 여섯 대학교가 있다. 교회 대부분은 장로회신학대학교를 주류로 보고 지원하고 있었으며, 지역의 신학대학교는 상대적으로 약하다. 그나마 지역마다 세워진 신학대학은 신학대학이 세워진 지역이나 노회가 배정되어 있어서 지역교회나 노회와 긴밀한 연대가 형성되어 있다. 그러나 서울장신대학교는 수도권이지만 장로회 신학대학과 지역이 중첩되면서 각종 지원에서 소외되고 있었다. 그래서 수도권이지만 상대적으로 너무 열악하고 같은 교단 신학대학이면서도 평등한 대우를 받지 못하는 소수자 마이너리티(minority)이다. 실제로 서울장신대 동문은 임지 선택이나 진로, 교회나 교단의 지원에 상당한 불평등을 경험하고 있었다.

반송은 주변인들로부터 받게 되는 아픔을 몸으로 직접 경험한 사람이다. 청력장애로 다른 사람과 소통이 잘 안되었고, 보청기의 발전으로 청력 기능을 일부 회복하기까지 늘 소수자, 비주류의 위치에 있었기에 그는 상처 나고 소외된 이들과 동일시되는 투사적 관심을 가졌다. 그의 눈에 띈 한국교회와 서울 장신은 약한 아들을 안타까워했던 어머니 같은 존재였기에 아파했고, 곧 침몰하는 타이타닉(Titanic) 같았기에 더 아파했다.

그의 이러한 심리적인 역동은 약한 어머니를 보호하려는 심리 역동으로 해석된다. 애착 이론에 의하면, 아이는 유년기부터 어머니와의 관계를 통해 안정감을 형성한다. 어머니가 약해 보이거나 감정적으로 불안정할 때, 아이는 자신의 안정감을 유지하기 위해 어머니를 보호하려는 심리가 작동하게 된다. 이는 보울비(John Bowlby, 1988)의 애착 이론에서 설명하는 보호 본능과 애착의 연장선에 있는 것으로, "아이는 어머니와의 관계가 자신의 정서적 안정에 직접적인 영향을 미치므로 어머니를 보호함으로써 자신의 안정감을 유지하고자 한다." 약한 어머니를 보호하려는 아이의 심리는 도덕적 발달 이론에서도 설명할 수 있다. 콜버그(Kohlberg, 1981)의 도덕 발달 단계에서 "아이에게는 점차 타인의 고통을 인식하고 이를 해결하려는 도덕적 책임을 느끼게 되는 시기가 도래한다. 어머니의 약함을 고통으로 인식하고 보호하려는 의식은 아이에게 도덕적 책임감이 내면화되면서 강화되는데 이로 인해, 어머니를 보호하려는 행동이 윤리적 의무로 자리 잡게 된다." 반두라(Bandura 1986)의 자아 효능감 이론에 따르면 "아이는 어머니를 보호하는 과정에서 자신의 효능감을 느끼게 된다. 약한 어머니를 도와주고 보호하는 경험을 통해 아이는 자신의 행동에 실질적인 변화를 가져온다고 인식하게 되며, 이는 자아 효능감을 강화한다. 특히 어머니가 아이의 도움에 고마움을 표현할 경우, 아이는 보상 심리를 느끼며 어머니를 돕는 역할에 더욱 몰입하게 된다."

반송에게 있어서 어머니는 한국교회였고, 그의 모교 서울장신대학이었다. 이는 어린 시절 제주도에서 고생하며 지내셨던 어머니에 대한 전치(Displacement) 감정이다. '전치'는 개인이 자신의 감정이나 충동을 원래 대상이 아닌 다른 대상으로 옮기는 현상을 말하는 것으로 약자 콤플렉스를 가진 사람은 스스로를 약자로 인식하거나 상처받은 자아를 보호하기 위해 약자로 동일시함으로써 자기감정을 다른 대상에게 전이하는 것이다. 반두라(Bandura, 1986)는 "약자 콤플렉스를 가진 사람은 상처받은 자아를 타인의 약자로 대리 경험함으로써 자신의 고통을 타인에게 전치 시키고 보호하려는 경향이 있다. 이는 약자와 자신을 동일시함으로써 자신에게 가해진 부정적 감정이 약자에게 전치되는 방식으로 자아를 방어하려는 심리적 기제가 된다. 이와 같은 전치 심리는 불안을 유발하는 실제 강한 대상(예: 권력자, 사회적 강자)과의 갈등을 피하고, 상대적으로 약한 대상(예: 약자와의 동일시)으로 감정을 옮기는 심리적 회피 기제로 작용할 수 있다. 약자와 동일시함으로써 자신이 느끼는 불안을 다른 대상에게 전치함으로써 일종의 심리적 방어가 이루어지는 것이다(Vaillant, 1993)."라고 하였다.

단어의 개체명 인식에서 그대로 나타난 반송의 심리적 역동은 '약한 어머니·한국교회·서울장신대학교·신학대학'으로 반영되었고, '이스마엘·장발장·베드로'로 표현되었다. 이스마엘은 아브라함의 아들이었지만 정통성을 부여받지 못했고, 장발장 역시 주류사회의 귀족이나 고위층이 아니었다. 그리고 베드로도 예수님의 수제자이지만 흠결이 많았던 용서받은 제자였다. 반송이 상처 난 어머니(교회 혹은 상대적으로 약한 목회자)를 위해 전국을 뛰어다니면서 약자의 대변자가 되었던 그 시절의 활동을 '고속도로·일·기쁨'으로 표현했다. 당시 반송은 신총협의 일로 전국의 고속도로를 달리면서 연간 10만 킬로미터 이상을 달렸다. 그러면서 그 일을 기쁨으로 표현하고 있다. 반송의 한국교회 사랑과 서울장신대학교 사랑은 그의 약자 콤플렉스를 통한 상처 난 자아를 약자와 동일시하는 심리적 방어기제와 관련이 깊고, 이는 약한 어머니를 보호하려는 반송의 심리적인 역동이라 할 수 있다.

반송의 개인적 약점을 집단화로 보완하려는 심리적인 역동. 약한 어머니를 보호하려는 전치의 심리적인 역동은 한 개인의 문제에서 발생한 것이 아니다. Graham의 체계적인 이론에서 볼 때, 반송이 가진 가족과 사회, 문화와 삶의 자리, 신앙 안에서 나온 것이다. 그의 모든 선택은 문화와 상황을 유지하려는 역동과 이를 변화시키며 새롭게 구성하고자 하는 상황적 조직구성(contextual organization)과 창의성(contextual creativity) 사이에서 팽팽한 긴장 가운데서 나온 심리적 역동이다. 그는 야간 신학을 공부했지만 이미 상당한 지성과 학력을 갖춘 인문학자였다. 그저 편안하게 목회하면서 안정된 삶을 살고자 했다면 얼마든지 기회가 있었다. 그러나 그가 가졌던 심리적인 역동과 그의 사람에 대한 애정, 인문학적 성찰이 그들과 동화하는 삶을 살도록 했다. 반송은 개인에게 작용하는 이중적인 영향력(bi-polar power) 안에서 대의와 명분, 실리와 현실적인 판단의 경쟁적 가치(contending values)에서 늘 고민했고, 우선하는 가치를 따라 늘 새로운 체계로 나가기를 바랐다. 그러한 그의 열망은 그가 사용한 모든 단어의 빈도에서 반영되어 있다.

제 2 장

❧

호모 코퍼라치오 데이(Homo Cooperatio Dei) 용어로 본 반송의 동역자 개념 이해

'호모 코퍼라치오 데이(Homo Cooperatio Dei)'는 '하나님의 동역자'라는 개념이다.

창1 : 26~28절에서 하나님이 자기의 형상대로 남녀 인간을 지으신 것에서 그 개념을 찾을 수 있다. 하나님은 인간을 지으시고, 그들에게 바다의 물고기와 하늘의 새와 가축과 온 땅과 땅에 기는 모든 것을 다스리게 하셨다. 그리고 그들에게 복을 주시며 생육하고 번성하여 땅에 충만하고, 정복하고, 다스리라고 하셨다.

이 하나님의 명령을 두고 서구 기독교 사회에서는 "하나님이 인간에게 자연을 개발하고 다스리는 권세를 주셨다."라고 주장했으나 오늘날 생태 신학적 이해는 그렇지 않다. 강사문 교수(1997)는

"창조 세계의 온전성을 유지하는 것이, 인간의 책임이며 하나님이 인간에게 이 일을 맡기신 것이다."라고 했다. 이는 창1 : 31에서 '하나님이 지으신 그 모든 것을 보시니 보시기에 심히 좋았더라'라는 표현에 나타나며, 인간은 이러한 창조의 온전성을 보존해야 할 의무가 있음을 시사한다. 창2 : 15에서 "여호와 하나님이 그 사람을 이끌어 에덴동산에 두어 그것을 경작하여 지키게 하시고"라고 했는데 여기에서 '돌보고 지키라'고 명하신 것은, 인간이 자연을 보호하고 보존할 책임이며, 이러한 책임성은 생태계의 균형과 조화를 유지하는 데 필수적이라고 했다.

바울은 고전3 : 9에서 "우리는 하나님의 동역자들이요 너희는 하나님의 밭이요, 하나님의 집이니라"라고 했다. 여기에서 동역자로 표현된 '쉬네르고스(συνεργός)'는 영어로 /fellow worker 혹은 fellow labourer로 번역된다. 이는 함께 일하는 자라는 뜻이다. 바울이 이 단어를 사용한 것은, 우리가 하나님의 동역자로서 주의 일의 동참자라고 강조한 것이다. 박준서 교수(1998)는 이러한 개념을 두고 "교회의 일은 하나님께서 하시는 하나님의 일이며 우리는 하나님의 동역자들이다. 우리를 하나님의 동역자로 부르시고, 사명을 주신 하나님은 우리와 함께하신다. 이것이 하나님께서 우리에게 주신 약속의 말씀 속에서 분명히 나타난다."라고 했다.

'호모 코퍼라치오 데이'는 인간은 하나님이 만드신 이 세상을 보존하고 관리하는 일에 동참하는 자이며 이는 하나님의 형상을 입은 인간의 존재 이유를 말하는 것이다. 그리고 바울의 주장대로 주 안에 사는 성도는 하나님의 일에 동참하여 그분의 일에 동역해야만 하는 존재이다.

1. 하나님의 동역자에 포함해야 하는 5가지 중요개념

하나님의 동역자라는 개념은 우리가 하나님을 돕는 자라는 의미가 아니다. 하나님의 은총과 배려로 우리가 하나님의 일에 참여자가 되었다는 것을 말한다. 그런 의미에서 하나님의 일에 참여하기 때문에 우리가 하나님과의 관계에서 우리 스스로 격상해서는 안될 일이다.

아브라함 카이퍼(Abraham Kuyper)는 영역주권 사상을 강조하면서 "인간 삶의 모든 영역에서 하나님의 주권을 강조했고, 각영역이 고유한 독립성과 책임을 지닌다."라고 했다. 이는 호모 코퍼라티오 데이(Homo Cooperatio Dei)의 중요개념을 말하는 것으로 그 의미를 구체화한 것이다. 호모 코퍼라티오 데이의 다섯 가지 중요개념은 '온전성 · 공동선 · 책임성 · 관계성 · 코이노니아 공동체'이다. 그 개념은 다음과 같다.

첫 번째는 '온전성(Integrity)'이다. 카이퍼(Kuyper, 1880)는 '모든 삶의 영역이 하나님의 주권 아래 있다.'라는 점을 강조하면서 삶의 온전성을 추구해야 한다고 했다. 그는 "우리 인간 삶의 모든 영역에서 만유의 주재이신 그리스도께서 '나의 것이다'라고 외치지 않는 영역은 한 치도 없다. 하나님의 주권이 삶의 모든 측면에서 드러나야 한다."라고 했다.

두 번째로는 '공동선(Common Good)'이다. 카이퍼(1880)는 "모든 사회 영역이 하나님의 뜻에 따라 협력하고, 사회적 조화를 이루며 공동선을 추구해야 한다. 세상의 모든 영역 가운데 그리스도가 주인이 아닌 영역은 단 한 부분도 없다."라고 했다. 이는 하나님이 모든 영역에서 선을 이루고자 하심을 반영한다.

세 번째는 '책임성(Responsibility)'이다. 카이퍼(1880)는 각 영역이 고유한 주권과 함께 책임을 지닌다고 강조하면서 "각 영역은 하나님이 정하신 고유한 주권을 가지고 있으므로 다른 영역을 존중해야 하며 자신의 힘과 권위로 간섭해서는 안 된다."라고 했다. 이는 책임 있는 삶의 중요성을 시사한다.

네 번째로 '관계성(Relationality)'이다. 카이퍼는 각 영역이 독립적이면서도 상호 관계를 맺고 있다는 점을 강조하면서 "교회와 국가는 그 존재가 하나님으로부터 비롯되었음을 기억하고, 각기 서로의 권위를 존중하며, 하나님의 부르심을 따라 하나님의 주권과 영광을 드러내야 한다."라고 했다.

다섯 번째는 '코이노니아 공동체(Koinonia Community)'이다. 카이퍼는 신자들이 세상 속에서 공동체를 이루어 하나님의 주권을 실현해야 한다고 강조하면서 "그리스도인은 교회와 정치, 경제와 학문 등 모든 삶의 영역에서 하나님의 뜻을 실현하며 살아야 한다."라고 공동체적 삶의 중요성을 역설했다.

카이퍼는 이렇게 5개로 영역주권 사상, 호모 코퍼라티오 데이의 개념을 바르게 정의하였다. 즉 온전성 · 공동선 · 책임성 · 관계성 · 코이노니아 공동체를 통해 하나님의 주권이 삶의 모든 영역에서 실현될 때, 인간은 하나님의 협력자로서 본래의 사명을 감당하게 되는 것이다.

2. 반송의 인간 이해

반송은 하나님의 일에 대하여 항상 동역자 의식을 가졌다. 그러나 그는 이 세상을 변화시키는 분은 하나님이시고, 변화를 위해 하나님이 그 시대의 준비된 사람을 사용하신다고 했다. 그래서 반송은 늘 준비된 사람을 찾았고, 동지적 개념을 가졌다. 그런 차원에서 반송을 이해하고 그의 심리와 사역, 그가 바라던 변화된 세상을 살피려면 그가 인간을 어떻게 이해했는지, 그리고 그는 동지들과 어떤 관계로 협력했으며 그가 지향한 목표는 무엇이었는가? 누구를 위해 교회와 사회, 인간을 변화시키려 했는지 살펴보아야 한다.

반송의 초반 인생은 교사와 인문학자, 문학평론가로 살았다. 중반 이후에는 목회자의 길에 들어서서 영혼 구원과 교회에 대한 책임감, 하나님의 형상을 지닌 인간이 어떻게 살아야 하는가를 고민하며 살았다고 할 수 있다. 그의 인생을 구성하는 중요한 기간에, 그가 접했던 문학과 철학은 그가 인간을 이해하는 처음 도구가 되었고, 목회자로 신학과 사회복지학을 전공한 이후에 그의 인간에 대한 이해는 현실적인 삶, 즉 생존과 하나님이 명령을 수행하는 하나님의 종, 하나님의 동역자라는 관점에서 달리했음을 볼 수 있다.

가. 반송의 기독교 인문학적 인간 이해

반송은 어린 시절 갖게 된 청각장애로 주변인과의 교제가 뜸했다. 그래서 그는 자기만의 세계로 들어가서 살았는데 그곳이 도서관이었고 수많은 책 속이었다. 그는 동서양 철학과 문학을 접하면서, 인간에 대한 개념을 학문적으로 익혔다. 그는 문학을 사랑하고 인간과 사랑, 자연과 세상의 아름다움을 추구하고, 지성을 가진 신앙인으로 사는 것이 무엇인가를 생각하는 문학인이었다.

그의 저서들을 통하여 단어 빈도 조사 통계에서 '나·인간·삶·우리·사랑·가을·사람·하나님·꽃·자연' 순으로 그의 생각이 드러난다.

그런 반면 반송은 인간이 가져야 할 의무와 책임도 중요하게 여겼다. 반송에게 "인간은 완전할 수 없는 존재이며 이기심과 탐욕, 자기변명과 회피로 일관하는 본능을 가지고 있다. 이성을 가졌지만, 육신의 속성을 가지고 탐욕과 자기만을 생각하는 이기적 존재"라고 했다. 그가 첫 목회에서 감내하기 힘든 시련을 겪고 나서 교회 개혁의 일성으로 목회자들의 생존권과 목회권, 인격권을 주장했다. 그런 반송을 공격하며 비난했던 사람들을 접하면서 인간이 얼마나 탐욕에 매여있는 불쌍한 존재인지를 새롭게 깨달았다. 그럼에도 반송은 "하나님의 형상을 가진 인간은 충분히 존중받아야 할 소중한 존재"라고 했다.[5]

다음은 반송이 한 인문학 포럼에서 발표한 내용이다.

기독교 인문학은 성경을 보다 깊이 볼 수 있게 한다. 신론과 인간론

---

[5] 반송은 인간에 대해 "인간은 불완전한 존재지만 하나님의 형상을 지닌 존재이기에 존중받아야 한다"라고 말했다. 그는 철학과 인문학이 모두 이를 강조하며, 상담학에서도 같은 의미를 전하고 있다고 덧붙였다. 또한, "이는 신학을 연구하는 우리가 가져야 할 가장 중요한 인간 이해"라고 강조했다 (2019년 5월, 세광교회 인문학 강좌 '인문학으로 보는 인간 이해').

은 별개가 아니다. 하나님을 알려면 인간을 알아야 하고, 인간을 알려면 하나님을 알아야 하기 때문이다. 따라서 기독교 인문학은 기독교적 입장에서 인문학을 비판하면서도 그 안에 있는 장점들을 받아들여 기독교의 지평을 보다 넓힐 수 있도록 도와준다. 기독교 인문학적 인간관은, 인간을 좀 더 따뜻한 시각으로 보자는 것이며 인간을 정죄하고 판단하기 전에 이해하려는 마음을 갖자는 것이다. 그리고 인간을 향해 가장 따뜻했던 분이 바로 예수님이다. 인문학적으로 볼 때 성경에서 가장 중요한 네 가지 주제는 인간은 하나님의 형상이다. 인간은 죄인이다. 인간은 살아야 한다. 하나님의 형상으로 인간은 성화 되어야 한다. 나 자신이 누구인지를 알기 위해 긴 순례의 길을 떠나는 이가 바로 기독교 인문학을 아는 사람이다.

- 한국기독교 신문방송협회, 2016.

나. 반송의 하나님 동역자로서의 인간 이해

반송이 신총협과 총회의 특별위원장을 하면서 총회의 기구를 개혁하거나 교단의 혁신을 부르짖었던 것은 열악한 목회 환경에서 인간적인 삶을 누리지 못하는 목회자를 생각했기 때문이다. 그는 목회자도 인간이기에 최소한의 생존권은 보장되어야 한다고 했고, 하나님의 일을 동역하기 위해 반드시 목회권과 인격권이 보장되어야 한다고 주장했다.

미로슬라브 볼프(Miroslav Volf)는 '일과 성령'을 통해서 성령론적 관점에서 일의 신학을 탐구하면서 '호모 코퍼라티오 데이(Homo Cooperatio Dei)' 즉 '하나님과 협력하는 인간'의 개념을 제시했다. 볼프는 "인간의 일이 단순히 경제적 필요를 충족시키는 수단이 아니라 인간 존재의 본질과 깊은 연관이 있다. 우리는 우리가 행하는 것을 통해 살아갈 뿐 아니라, 넓게 보면 우리는 우리가 행하는 것이기도 하다. 일은 인간의 온전한 존재를 구성하는 중요한 요소이다. 이는 창조된 인간이 하나님의 형상을 회복하며 자신을 형성해 나가는 일의 신학적 차원 과정이다."(2001)라고 했다.

몰트만(Jürgen Moltmann)의 사회적 삼위일체론은 하나님의 본질을 공동체적이며 관계적인 측면에서 이해했다. 이를 통해 인간 공동체의 모델을 제시했다. 그는 "하나님은 서로를 책임지는 관계로 존재하며 이를 인간 공동체의 책임 윤리로 확장한다. 책임성은 상호적 연대이며, 이는 각 구성원이 서로를 위한 책임감을 가지는 데 기반을 둔다. 특히 생태학적 위기와 사회적 불평등 문제를 해결하기 위해 삼위일체적 책임성을 인간 사회에 적용해야 한다. 예를 들어 창조 세계의 보존에 대한 책임은 인간이 하나님의 형상을 따라 살아가는 본질적 요구이다."(1981)라고 했다.

반송은 "인간은 정치적 동물로서, 공동체 안에서 도덕적 덕을 실현할 때 본질을 완성할 수 있다."라고 한 아리스토텔레스(B.C.

350)의 주장을 중요하게 여겼다. 반송은 "우리가 하나님의 동역자라는 개념을 가지려면 정치적인 활동을 통해 공동체 안에서 온전하고 높은 도덕성을 가지고 공동선을 지향해야 한다. 그리고 목회자의 파편화된 인간성을 회복하도록 도와야 하며, 개인적인 유익을 넘어 공동체의 선을 위해 협력해야 한다."라고 했다.

몰트만도 삼위일체 하나님을 '참여와 교제'의 공동체로 이해하고 성부, 성자, 성령의 교제는 서로를 향한 헌신과 사랑으로 이루어진 공동체 모델이며, 이는 교회 공동체와 인간 사회에 그대로 적용되어 구현체가 되어야 하며, 이를 통해 인간 사회의 분열과 갈등을 치유하는 역할을 해야 한다고 했다.

반송은 하나님의 동역자로서 이 시대, 내가 놓인 삶의 자리에서 하나님이 내게 경험하게 하신 소외와 고독, 목회하면서 당했던 억울과 불편부당함, 동시대 목회자가 생존권도 보장받지 못한 채 사명을 위해 몸부림치는 현실, 성장과 번영신학의 이면에 드리워진 그림자 등 교회의 부정적인 영향력에서 추락하는 교회의 미래를 보았고, 우리가 할 일은 명백하다는 결론을 가졌다. 반송은 인문학적 자기 이해와 고난받는 동지들, 하나님의 교회에 대하여 하나님의 동역자 의식이 분명했기에 그는 어디를 가든지 뜨거운 마음으로 연설하고 강의하고 설교하고, 자신의 열정을 태웠다.

다. 반송이 말하는 하나님의 동역자, 책임감

반송은 사람을 긍정적으로 보았다. 반송이 사용했던 단어 사용 빈도를 보면 그의 내면과 정체성을 살필 수가 있는데 그는 인간이 무엇이며 인생의 목표가 무엇인가? 하는 질문을 중요시했다. 인간은 약점이 있지만, 희망이 있는 존재이며 관계와 사회적 역할을 제대로 하는 영적 존재라고 생각했다. 그리고 그들을 동지라는 개념으로 정의했다. 그래서 그는 '동지'라는 단어를 자주 사용했고 매우 좋아했다.

반송의 기질은 높은 인내력과 부지런함, 끈기가 있었고 낙천적이었다. 자신감이 넘쳤으며 이상주의자였다. 그는 사람마다에게 있는 약점을 인정하였으며 그래서 너그러웠다. 그의 주변에는 많은 동지가 있었으며 주변 사람들은 스스로 반송의 사람이라는 말을 많이 했다. 반송과의 친분과 그와의 연계와 관계성을 이야기했다. 그럼에도 반송이 그들 모두를 동지나 하나님의 동역자로 생각한 것은 아니다. 반송은 우리가 하나님의 동역자가 되려면 적어도 온전하고 책임성이 있어야 한다고 했다.

그의 저서를 통해 그가 주장하는 내용을 분석할 때, 그는 분명 긍정적이고 낙천적이며 수용성이 많았지만, 높은 자율성과 책임감, 끈끈한 연대감과 높은 자기 초월을 강조했다는 것을 인식해야 한다.[6] 그는 너그러웠지만 자기 스스로는 정직한 성격이었고, 충분히 인간을 이해하려고 하였지만, 그 이상의 완벽한 책임을 요구했다. 하나님의 동역자라면 성실과 책임감, 정직함이 있어야 한다고 주장했다.[7] 그런데 사람들이 이를 간과했고, 자기의 약점이나 탐욕을 반송이 모를 거라고, 또 이런 것쯤은 이해해 줄 거로 생각했다.

그런데 이는 그를 제대로 아는 것이 아니다.

반송의 강연이나 그가 강조했던 인문학적 성찰을 제대로 이해한 사람은 그렇듯 말할 수 없을 것이다. 그가 약자에 대한 자기 동일시가 있지만 그렇다고 불의와 거짓을 용인한 것은 절대 아니었다. 그는 교단의 금권, 부정과 어긋난 재판, 잘못된 결정을 누구보다도 개혁하기를 바랐다. 그는 하나님의 나라라는 큰 그림은 우리 모두를 다 품었지만, 거짓과 불의, 불성실은 인간이 반드시 극복해야 할 일이라고 했다. 부언하자면 그는 통이 큰 사람이었지, 하나님의 동역자라는 개념을 결코 잊고 산 사람은 아니었다. 모두가 반송을 잘 안다고 하고 그의 후광을 덧입으려고 하지만 진정으로 그를 이해하고 그의 가치와 정신을 따랐다고는 할 수 없다. 반송은 마지막

---

6) 1부 단어 사용 빈도 조사 참고

7) 황해국 목사 인터뷰(2024.04.15.), 반송은 임종을 앞두고 함께할 하나님의 동역자에 대해서 언급했다. "성실과 책임감, 정직함이 없는 사람은 절대로 동역자로 삼아서는 안 된다. 내가 모르는 것이 아니라 간과한 것이고, 그런 사람들은 자리를 차지하면 우리 공동체를 무너뜨릴 것이다. 절대로 함께해서는 안 된다."라고 했다.

까지 그것을 아쉬워했고, 하나님의 동역자가 없음을 안타까워했다. (황해국 목사와의 대담, 2020)

반송을 한 쪽으로만 이해하고서 그를 다 안다고 할 수 없다. 반송은 한국교회의 미래를 포함한 서울장신대학교의 미래에 대한 큰 그림, 사이버대학 운영, 학교의 이전과 강소 신학대학에 대한 비전, 학교의 자산운용을 위한 미래 청사진 등은 그가 하나님의 동역자라 여기는 소수에게만 공개, 추진하고 모두에게 공개하거나 나누지 않았다. 그는 끝까지 하나님의 동역자 개념을 중요시한 책임감 강한 투철한 사람이었다.

제 3 장

❧

임마누엘 라티(Emmanuel Y. Lartey)의
해방신학적 목회 실천 분석

　　임마누엘 라티의 목회 실천 방법에서 가장 뛰어난 부분은 그가 교육적인 모형과 사회 치료적 모형을 구조화했다는 것이다. 교회나 사회를 개혁하고 변화시키기 위해서는 현실에서 도움을 필요로 하는 사람들의 구체적인 경험이 필요하다. 라티는 현실 상황에서 직면하는 구체적 경험에서 시작하여 지향하는 목표와 어떤 과정이 필요한가를 고민하면서 그의 이론을 구조화했다. 그러면서 변화를 위한 모든 과정에는 교육적 차원과 사회 치료적 요소가 반드시 필요하다고 했다. 교육적 차원은 현실에서 시작하여 그 현장을 다각적인 방법으로 분석하고 이를 다시 신학적으로 이해하면서 신학적 방법과 전통적 대치 방식과 어떤 차이가 있는지 질문하는 것이다.

그리고 현실 상황에 교회의 대처나 신학적 방식은 과연 옳은가? 전통적 방식은 어떤 의미를 주는가를 평가한 다음, 이를 시행하고 다시 평가하는 방법을 말한다. 이러한 방식을 적용하고 교육하면서 교육적 모형을 만든다. 사회 치료적 차원은 복음과 교회의 목회적 돌봄과 실천을 위해 사회치료의 플랫폼을 만드는 것이다. 이는 교회와 복음이 사회를 치료하는 통로로 자기를 인식하고 함께 이 일에 참여할 사람들이 구성하는 플랫폼이다. 미래의 문제에 대한 연구와 이를 준비할 인적자원이 구성되면 그들이 돌볼 대상에 대하여 이해하고 교제하는 단계를 거쳐 집단으로 작업하고 상징적인 집단행동을 통해 목표를 성취한다. 그리고 이러한 과정을 수행하고 나누기 위해 플랫폼이 필요하다. 임마누엘 라티가 말하는 해방신학적 방법론은 다음과 같다.

1. 임마누엘 라티의 해방신학적 목회 방법론

임마누엘 라티(Emmanuel Y. Lartey)의 목회적인 돌봄과 방법론은 '간 문화적(intercultural)'인 접근을 목표로 한다.

여기에서 '간 문화'는 비교문화적(cross-cultural)이나 다중문화(multi-cutural)의 개념이 아니다. 사회·경제·문화로부터 기인 된 사고와 경험, 상황 속에서 개인들이 상호작용하는 복잡성에 대한 인식이다. 임마누엘 라티의 방법론은 '그 시대의 소외되고 억압된 자에게 헌신하는 목회 실천 방법론'이다. 라티(2003)는 가난하고 소외되고 억압당하는 자의 경험에 함께 참여하여 시작하고 현실과 신앙을 '가난한 자의 눈을 통해' 읽는다. 그는 가난한 자의 관점에서 사회현실을 평가하고 가난과 소외의 경험에 근거하여 신학적 성찰을 하며 가난한 자의 해방을 위해 행동하는 구체적인 방법론을 제시했다. 가난한 사람들을 이해하기 위한 민감성을 획득하기 위해서는 개인적인 접촉이 필요하며 이는 영구적으로 그들 속에 함께 들어가 사는 것을 말했다. 그리고 가난하고 소외되고 억압된 사람들이 자신이 선택한 용어와 방식으로 자신을 위해 직접 말하도록 하는 기준을 제시했다.

해방신학과 목회 돌봄 간의 네 가지 연결점은 다음과 같다.

첫째, 구체적인 경험에서 출발한다. 이는 현실적인 상황에서 도움이 필요한 사람들의 구체적인 경험을 다룬다. 목회 돌봄은 개인이나 소그룹 혹은 발달적 경험이 미치는 영향을 강조하고 억압적인 사회 정치제도를 강조한다. 해방신학과 목회 돌봄은 둘 다 고통받는 자의 경험을 공감적으로 이해하고, 그들에게 자신이 경험한 길이와 폭과 높이와 깊이를 표현하도록 완전한 자유를 주고자 한다.

둘째, 사회분석이다. 목회 돌봄과 목회 상담에서는 사회분석이 더 많이 필요하다. 목회 돌봄은 가부장제, 자본주의, 군국주의, 인종차별, 성차별, 계급주의, 종교 문화적 이데올로기와 기타 구조들이 개별적, 혹은 복합적으로 인간의 고통을 만들어 내거나 심화시키는 것에 대한 면밀한 조사 기술이 필요하다. 우선 인간의 고통과 사회구조는 직결되어 있다는 것을 바르게 이해해야 한다.

셋째, 해석학적 분석이다. 이는 누가 성서의 독자이고 그들이 성경 본문을 어떻게 읽으며 그것으로 무엇을 하는지 관심을 가지는 것으로, 성경의 기록을 자기 문화와 문제 속에서 풀어내는 해석학적 열쇠로 사용하는 것을 말한다. 성경 안에 있는 해방의 이야기는 민중의 일상 삶 속에서 실현될 때만이 자기 결정과 온전함을 위한 투쟁과 변화시키는 힘이 되고, 그때 성경은 우리를 위한 살아있는 책이 된다.

넷째, 해방의 목회적 실천이다. 해방이 실현되기 위해서는 극한 변화와 사회적 변혁이 필요하다. 사회적 변혁을 위해서는 교육적(pedagogical) 차원과 사회 치료적(social-therapeutic) 차원이 필요하다.

2. 해방신학적 목회 실천을 위한 교육적 차원

가. 목회 실천을 위한 교육적 모형(pedagogical cycle for liberative pastoral praxis)

교육적 모형(pedagogical cycle)은 구체적 경험에서 출발–상황분석–신학적 분석–신학적 상황분석–반응의 단계로 진행된다. 임마누엘 라티의 교육적 모형은 언제나 교육 현장의 구체적 경험에서부터 시작하는데 이는 현실 속에서 도움이 필요한 사람들의 구체적인 경험을 다루기 때문이다.

교육적 모형 첫 번째 단계는 교회나 그 사회의 문화와 현장 속에서 힘들어하는 사람들과 공감하고 어떻게 교육을 구체화하고 경험하게 할 것인가를 파악하는 일이다.

교육적 모형 두 번째 단계는 상황분석으로 현실을 바르게 인식하기 위해 다각적인 방법을 사용하는 일이다. 다양한 전문 분야와 다른 학문을 통해 비교하기와 함께 보기(collective seeing)를 통해 문제를 확실하고 정확하게 진단한다.

교육적 모형 세 번째 단계는 신학적 분석이다. 신학적 분석(theological Analysis)은 현실 문제에 대한 신앙적인 관점과 전통적으로 어떻게 대처했는지 그 방식을 성찰하고 분석하는 단계이다. 이렇게 함으로써 현실적인 문제들을 지금까지 전통적인 방식으로 올바르게 처리해 왔는가 판단하는 일이다.

네 번째 단계는 신학에 대한 상황적 분석(Situational Analysis of Theology)을 하는 일이다. 이 단계에서는 비판적인 의식을 가지고 현실적인 상황에 대한 교회의 대처나 신학은 과연 옳았는가? 또 전통적 방식의 과정은 정당한가를 평가하는 일이다.

마지막 다섯 번째 단계는 반응(Response)으로, 전체적인 과정을 통해 잠정적인 결론을 이루었다면 그 결론을 바탕으로 변화의 상황 안으로 돌아가서 이를 실천하고 시도하는 실천 과정이다.

이러한 임마누엘 라티의 교육 사이클 과정은 다음의 표와 같다.

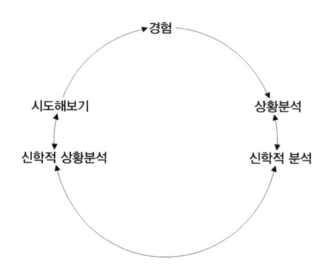

〈그림 6〉 Emmanuel Y. Lartey의 교육 사이클

나. 반송의 교육적 모형 연구

반송 고시영 목사는 목회 사역의 목표를 항상 자신이 놓인 삶의 자리에서 찾았다. 그가 교사로 재직하고 있을 때는 학생들과 학교라는 삶의 자리에서 자신이 무엇을 해야 하는지를 살펴 최선을 다했고, 목회를 시작한 후에는 교인들 삶의 자리에서 출발하여 교회의 혁신과 변화를 위해 노력했다. 또 동문회와 한국교회를 섬길 때는 서울장신대학교와 동문회 삶의 자리를 먼저 살피면서 목회자들의 실존과 그들의 생존권을 염려했으며 총회에서 교단과 한국교회를 위해 일할 때는 항상 한국교회 전체 삶의 자리를 살폈다.

반송이 목회를 시작했을 때 한국 사회와 교회는 급성장의 시기로 사회와 교회의 여러 부분에서 성공 신화를 기록할 때였다. 기업은 기업대로, 사회는 사회대로 인구 증가와 산업화, 학문과 경제, 사회 전반이 성장 중심적이었다. 당시의 한국교회도 예수를 잘 믿고 복음을 알면 잘되고 형통한다는 성공 신학이 관찰되던 시기였다. 더불어 신도시의 출현과 대형 교회의 등장으로 신학적으로도 적극적인 선교와 성장을 강조했던 시기이기도 하다.

반송은 한국교회가 성장 중심의 신학이 강조되던 시기였음에도 불구하고 한국교회도 인문학적 성찰과 신학적 변화가 있어야 한다고 갈파했다. 특히 그가 부활교회를 개척하면서 깨달은 것은 사람, 즉 인간 존재에 대한 이해를 충분히 해야 한다는 것이었다.[8]

반송이 인문학적 성찰을 강조한 것은 그가 처한 삶의 자리에서 나온 것이다. 반송이 초임 목회자로서 교회를 향한 열정과 성장만이 그의 사역 전부라고 생각하고 몰입했으나 교회 안에 극심한 갈등이 일어나고 끝내 분열하는 위기에 봉착하고 그는 진지하게 신학적인 질문을 하게 되었다. 그래서 반송은 교인들에게 하나님의 말씀을 인문학적 바탕 위에서 읽도록 강조했고 교육시켰다. 인간 존재를 이해하지 못하면 참된 영성이나 사람 관계, 목회도 바르게 할 수 없다고 판단했기 때문이었다.

반송은 교회의 극심한 갈등과 분열을 경험하면서 진단하기를 한국교회는 기독교의 본질에서 상당히 벗어났고, 기독교가 한국 땅에 들어온 선교 초기시대보다 영적으로나 지성적으로 뒤떨어졌다고 판단했다. 우리 사회가 가난에서부터 탈출하고 잘살아야 한다는 강박 안에서 기독교의 성장과 성공 중심의 신학으로 교회의 본질이 크게 왜곡되었음을 깨닫게 된 것이었다. 또 기독교의 영성마저 물량으로 평가되는 교회의 현실에 대해 지성을 가진 목회자로서 안타까움을 금치 못했다. 그리고 교회 성장 뒤에 드리운 그림자

---

8) 고범석 목사 인터뷰(2024. 2. 3.), 고범석 목사는 "아버지가 부활교회를 개척한 이후, 전혀 다른 목회를 했다고 주장했다. 열심히 목회했지만 교회가 분열되고, 모든 사람이 상처를 받았다. 그리고 노회 차원에서도 도움받지 못했는데 이것은 나의 세계관으로 그들을 보았기 때문이다. 그리고 사람, 즉 인간 존재를 이해해야 목회를 제대로 할 수 있다는 자각을 하신 것 같다."라고 술회했다.

속에서 자기와 같이 실패하고, 낙오된 동지 목회자들에 대한 연민을 갖게 되었다. 이는 임마뉴엘 라티가 강조했던 교육 사이클 1단계, 구체적 경험을 의미한다. 즉 반송이 주장한 목회와 사역, 교회의 혁신은 그의 경험, 삶의 자리에서 시작했다는 것이다.

교육적 모형의 두 번째 단계가 사회분석과 해석학적 분석이다. 반송은 목회를 시작했을 때 그가 전공했던 인문학적 성찰을 지향하는 교회를 고려했다. 그것은 미래의 한국교회가 지성적으로나 신학적으로, 혹은 인권에 있어서도 상당한 민주화를 이룰 것이라 판단했기 때문이었다. 에스겔이 하나님 말씀의 대언으로 골짜기의 마른 뼈들이 서로 맞춰지고 그 위에 힘줄과 살이 오르며 가죽이 덮이나 "그 속에 생기는 없더라. (겔37:8)"라고 말씀처럼 마른 뼈 같은 우리가 하나님 영의 대언으로 몸이 되었어도 두 번째 대언이 없으면 그것은 '하나님의 군대(마하나임)'가 될 수 없다고 반송은 생각했다.[9]

그래서 반송이 가장 먼저 주목했던 곳이 신학대학교였다. 그는 바른 신학이 세워져야 한국교회가 살아나고, 인문학적 통찰이 있어야 다양한 차원에서 인간을 이해할 수 있다고 판단했다. 또 신학과 목회를 구분하여 신학교육의 틀을 새로 구성하고 사회학과 인

---

9) 황해국 목사 인터뷰 2024. 04. 15, 반송은 그의 목회와 한국교회의 목회가 살려면 새로운 생기와 신학이 필요하다고 강조했다.

문학, 신학을 교리적인 것으로 획일화하면 안 된다고 주장했다.[10] 전통 방식을 그냥 답습하면서 신학생들을 교리적으로 가르치는 것으로만 끝나면 '신학하기'가 끝난 것이 아니라고 했다. 반송은 미래의 한국교회를 전망하면서 사회학적으로 분석하고 이를 구체화하는 '신학화'를 주장했다.

이것이 임마누엘 라티의 교육적 모형 3단계이다. 반송의 '신학화'는 본격적으로 두 갈래로 나누어지는데 하나가 집필이었고, 다른 하나는 교회와 신학대학 안에 인문학 과정과 인문학적 설교를 시도하는 작업이었다. 반송은 꾸준한 집필을 하여 신학생들에게 성경을 인문학적 시각으로 보게 했고, 서울대학교 추천 100권의 도서로 교회에서 인문학 강의와 설교를 했다.

반송의 인문학 강의는 반응이 좋아서 여러 교회와 기관에서 도입 실시하게 되었고 새로운 도전이 되었다. 반송의 '신학화' 영향으로 신학대학교 커리큘럼에 인문학 강좌를 생겨났고, 서울장신대학교에도 '인문학연구소'가 생겼다. 그리고 정기 강좌와 강연, 토론회를 개최하였다. 이렇듯 반송의 열띤 노력은 결실을 보게 되어

---

10) 반송은 미래의 한국교회를 이끌 인재를 양성하기 위해 신학대학의 교육 방향을 두 가지로 구분해야 한다고 주장했다. 그는 목회를 전문으로 하는 학생과 신학을 연구하는 학생을 따로 선발하고 각각의 목적에 맞는 훈련을 제공해야 한다고 했다. 이러한 교육 체계의 필요성을 실현하기 위해, 그는 먼저 신학대학 내에 인문학 연구소를 설립하였다.

목회자들에게 안목을 넓히는 계기가 되었으며 인문학적 통찰로 성경을 새롭게 보는 눈을 열게 했다.

임마누엘 라티의 교육적 모형 4단계는 신학적 상황분석이다. 반송은 인문학적 성찰이라는 관점에서 모든 인간은 '하나님의 형상(Zelem)을 가진 존재'임을 선언했다.

반송은 많은 목회자가 열악한 목회 현장에서 기본적인 생존권조차 갖지 못하고 고생하는 현실에 애통하는 연민의 마음을 금치 못했다. 한국교회의 급성장과 성공 이면에 드리워진 그림자, 교권 쟁탈과 불법 선거, 금권 재판, 세습금지 등과 같은 한국교회의 그림자를 어떻게 거둬내고 변화시킬 것인가를 고민했던 것이다.

반송은 이제 한국교회의 목회자도 윤리 선언을 해야 한다고 주장했다. 한국교회의 어두운 그림자를 방치하면 그리스도의 몸인 교회가 망가질 수밖에 없는 절박함을 느낀 것이었다. 그는 많은 오해를 받으면서도 '신총협(전국신학대학 총협의회)'을 결성하여 공정하고 깨끗한 선거, 목회자의 생존권과 목회권, 인격권 회복, 교회의 성결 운동을 강조하면서 변화의 운동에 앞장선 것이었다.

반송은 이러한 운동이 동지들의 의식화로부터 생긴다고 판단하고 정기 교육과 세미나, 교계의 변화를 위해 토론과 논의, 집필에 온 힘을 썼다. 이때 펴낸 저서가 『한국교회 재건 설계도』이다.[11]

11) 반송은 『책을 통해 본 세상』, 『여행을 통해서 본 세상 이야기』, 『경건 훈련』,

반송이 또 다른 활동으로는 교단의 장기발전위원회의 위원장을 10년간 맡아 한국교회를 위한 미래 혁신적인 개혁안을 제시했다. 이러한 반송의 활동은 임마누엘 라티의 교육적 모형, 신학적 상황 분석과 시도해 보기를 전형적으로 따르는 것이었다.

3. 해방신학적 목회 실천을 위한 사회치료적(social-therapeutic) 차원

가. 목회 실천을 위한 사회 치료적 모형(social-therapeutic cycle for liberative pastoral praxis)

임마누엘 라티(Emmanuel Y. Lartey)는 복음과 교회의 목회적 돌봄을 실천하기 위해 교회의 사회 치료적 모형에 자기 분석과 공동의 분석을 포함하여 교회의 과도한 영성화(spiritualization)와 정치화(politicization)를 피하고자 했다. (2003년)

임마누엘 라티의 사회치료 모형은 다섯 단계로 나눠진다. 인정과 자각의 단계-동일시 단계-사귐의 단계-집단적으로 작업하는

『기독교 인문학적 자기 성찰』, 『성경에 기록된 인문학적 성공 이야기』 등 많은 저서가 있고, 기독교 통합과 기독교 인문학 보급에 기여하여 한남대학교에서 제정한 '인돈문화상'을 2017년에 수상하였다.

단계–상징적 집단행동의 단계이다. 이를 구체적으로 살펴보면 다음과 같다.

첫째, 인정과 자각의 단계(Recognition and Self-awareness stage)이다. 공동체에 참여하는 사람들이 어떤 사람들인지 성찰하고 인정하는 단계를 말한다. 다른 사람과 함께 하려면 어느 정도 비판적 자각이 필요하다. 이런 통찰 없이 변화를 위한 공동의 행동에 참여한다는 것은 재난을 초래할 수 있다.

둘째, 동일시 단계(Identification with people and issue)이다. 도와야 할 사람들과 주제를 규명하고, 돌봐야 할 사람이 어떤 사람인지, 또 다루어야 할 주제가 무엇인가를 정하는 것은 대단히 중요하다. 주제는 토론과 명료화 과정 안에서 정해야 하고 대충 정해서는 안 된다.

셋째, 사귐의 단계이다. 서로를 알아가는(Befriending), 이 단계는 친구 되기이다. 이는 전문가의 가면 뒤에 숨는 형식이 아니고 자신을 내어주는 깊은 만남이다. 인정과 자각의 단계부터 전 과정에서 일어나는 사귐은 사회치료 모형을 만드는데, 중요한 연결고리이다.

넷째, 집단으로 작업하는 단계(Working together in Group)이다. 여기에서는 그룹 작업을 위한 전문성과 기술이 필요하다. 수행해야 할 과제를 분명히 정하고 성취 가능한 목표를 설정하여 평가의 도구를 포함한 구체적인 활동 계획에 따라 움직인다. 이 단계에서 중요한 것은 모든 참여자가 자기의 목소리를 내게 하는 것이며, 소수의 소리도 최종 결정에 반영되도록 유의하는 것이다.

다섯째, 상징적 집단행동의 단계(Symbolic Collective Action)이다. 상징적 집단행동을 보이는 것으로 행진과 저항, 시위 같은 관심이 요구되는 행동을 표현하여 주의를 불러일으키는 방법이다.

여섯째, 다시 개인의 성찰(Individual reflection)과 그룹 평가로 이어진다. 그 어떤 상징적 활동이라도 비판적으로 평가되어야 한다.

다음은 임마누엘 라티의 사회치료 사이클이다.

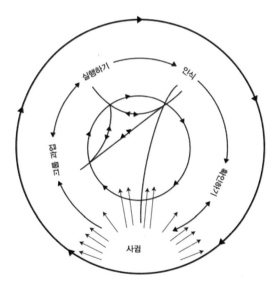

〈그림7〉 Emmanuel Y. Lartey의 사회치료 사이클

나. 반송의 사회 치료적 모형의 연구

반송 고시영은 어린 시절의 갖게 된 청각장애, 목회자 시절 겪게 된 교회 안의 분열과 갈등, 작은 개척 교회, 지역 신학대학교로서 겪게 되는 차별 등 여러 아픔과 소외를 두루 경험하였다.

이런 차별과 어긋난 구조를 겪으면서 반송은 개선하고 변화되어야 할 교계와 교회의 문제들을 깨달았다. 이런 문제들은 교회가 급성장하면서 부수적으로 따라온 성장통 곧, 성장과 성공신학의 그림자라고 판단했다.

반송의 목회 사역 초기에는 그의 역할과 역량, 영향력은 노회나 총회에서 극히 미미했기에 그는 자기 교회 부흥에만 몰두했다. 그덕에 교회가 성장했지만, 동시에 교회 내에서의 분열과 갈등을 겪으면서 반송의 사역에 대한 생각은 달라지기 시작했다. 한국교회에 드리운 그림자와 성장통은 한 개인이 해결하기에는 너무나 버거운 문제였다. 한국교회의 잘못된 관행과 성장 신학은 교육과 교계의 구조 개혁을 통해서 비로소 바로 잡을 수 있겠다고 판단하였다.

반송은 그 시작으로 초기에는 인문학 강의와 신학교 강의를 통해서 그의 교인들과 신학생들에게 기독교회의 역할과 자기 변화에 관하여 언급했다. 점차 그의 활동 폭이 넓어지게 되었고, 그럴수록 그가 가진 교회의 사회 치료적 역할과 이를 이끌고 갈 사회 치료적 플랫폼의 필요성을 직감했다. 그는 교단과 한국교회의 현실을 직시하였고, 한국교회는 서서히 침몰하는 타이타닉(Titanic)호 같다는 결론에 이르렀다. 당장은 한국교회와 교계는 급성장과 성공 신학으로 문제가 없는 듯 보였으나 자기 성취와 자만, 물질화, 교권과 패권주의, 혁신 없는 신학 등으로 서서히 추락할 것은 자명해 보였던 것이었다.

반송의 예언은 코로나를 거친 한국교회에 적중하여 최근 교회를 떠나고 돌아오지 않는 가나안 교인이 급증하고 교인 수가 감소하며, 영향력이 쇠퇴하는 현실을 맞이하고 있다.12) 그는 이미 한국교회의 암울한 미래를 예견하여 사회 치료적 모형을 제시하며 혁신을 준비했다.

반송의 혁신적 운동을 초기(동문회를 중심으로)와 중기(신총협을 중심으로), 후기 통합교단총회와 세기총(세계 한인기독교 총연합회)을 중심으로 구분해 본다.

1) 초기-서울장신대학교 동문들을 규합하여

반송은 상대적으로 차별받던 서울장신대학교의 동문들과 신

---

12) 지용근(2023)은 개신교 비율이 2012년 22.5%에서 2022년 15%로 추락했다. 3040 세대 중에서 앞으로 10년 후, 교회 떠날 의향이 73%라고 했는데 이는 그 자녀들의 교회 이탈로 이어질 것이라고 했다.

학생들이 목회 현장에서의 그들의 위치를 각성하도록 했다. 그는 청각장애로 인하여 유년 시절의 소외되었던 아픔과 고등학교 교사, 인문학자로 살았던 삶을 청산하였다. 그리고 오직 사명을 따라 목사가 되어 첫 목회에 생명을 걸었다. 열심히 목회하여 교회가 성장했으나 한순간 교회의 내분으로 극심한 갈등을 겪으면서 교회는 분열되었다. 그로 인해 반송은 교회를 떠나게 되는 현실을 맞았다.

그 후 신학교에서 강의하고 동문회의 일을 돌보았다. 그러는 중에 동문들의 열악한 목회 현장과 부당한 처우, 목회자의 인권에 관한 교회의 잘못된 태도를 접하게 되었다. 그는 이러한 상황을 좀 더 바르게 인식하기 위해 목회 현장과 교계의 상황을 심층 분석했다.

반송의 사회의식이나 교회의 개혁은 그 시작점이 그가 경험하고 보았던 현실에서 기인한다. 그가 한국교회의 현장을 살펴보고 내린 결론은 가장 먼저 동문 동지들의 교회와 목회를 살리는 일이 시급함을 깨닫고 동문회 활성화에 분투했다. 특히 동문회 안에 '서장선교회'를 구성, 미자립 동문들을 지원하도록 했다.

또한 반송은 동문 중에서 목회적으로나 바른 의식으로 선한 영향력을 끼치는 10여 명의 동문을 모았다. 이들은 목회 상황과 지위 상승, 역할 확대를 위해 노력하면서 서로 협력할 인적자원이 되었고, 그들을 통해 비전을 공유하고 의식화하며 뭉치게 했다. 이렇게 서울 장신 동문 중에서 반송과 뜻을 같이하여 학교와 동문회를 일으킬 동문들을 구성해서 '성맥선교회(聖脈宣教會)'로 발전시켰다.

초기 성맥선교회는 각자 개교회에서 목회적 역량을 키웠던 목회자들이었기에 그 영향력과 실천력이 뛰어났다. 이는 반송의 사회 치료적 모형이 목회 현장과 그가 접했던 현실에서 시작했음을 말한다.

여기에 그치지 않고 반송은 그들을 통해 동문을 결집하여 동문들이 더 공부할 수 있는 길을 열기 위한 노력도 하였다. 외국의 학교와 학위를 연계하는 프로그램을 학교와 의논했다.

서울장신대 동문들이 각 노회나 총회에서 영향력 있는 활동을 하도록 격려하고 이를 높였고, 동문의 일이라면 전국 어디라도 달려갔다. 그래서 그의 저서에서 사용되었던 단어 빈도 조사나 개체명 조사에서 '고속도로' '일'이라는 단어가 많이 등장하게 되었다.

반송의 이렇듯 괄목할 만한 초기 노력은 동문들에게 자부심과 단결하는데 구심점이 되었고, 이제 비로소 '내가 서울 장신 동문이다'라고 말할 수 있게 되었다고 했다. 이러한 서울장신대 동문 중심의 의식화와 조직화는 동문회를 전국적으로 확대시켜 서울, 중부, 동부, 서부, 제주까지 망라하여 지역동문회가 활성화되었다. 그러나 이는 한국교회의 혁신에는 미치지 못하는 사회 치료적 차원을 위한 전 단계에 불과했다.

2) 중기-신총협(전국신학대학 총동문협의회)을 중심으로

서울장신대 동문들의 자부심과 역할에 대하여 애쓰던 반송은 열악한 환경에 놓인 목회자들과 교계의 어두운 그림자들을 개선하기 위해 신총협(전국신학대학 총동문협의회)을 결성했다.

처음에는 장로회신학대학교를 제외한 6개 지역의 신학대학교 총동문회와 함께 이 일을 구성하여 전국 조직을 했지만, 장로회신학대학도 합류하여 모든 신학대학 산하의 졸업생들이 '신총협'에 합류하게 되었다. 이러한 전국 조직은 총회 조직 외에 최초로 구성된 목회자의 전국 모임이어서 안팎에서 보는 눈이 곱지 않았다.

그런데 신총협을 중심으로 교단의 개혁운동은 분명한 이슈로 진행되었는데 먼저 총회장과 각부 부장 선거에 대한 혁신이 우선 과제였다. 종전까지는 총회에서 영향력을 가진 목회자나 장로들이 합의하여 유력한 후보를 영입하고 선거하는 방식을 취했기에 특정한 목회자나 장로의 영향력이 매우 컸다. 신총협에서는 지금까지의 선거방식도 나쁘지 않지만, 음성적으로 진행되었던 금품수수를 거부하고 공정성이 보장된 선거를 하도록 홍보하고 선거비용도 한계선을 넘지 않도록 하고 공정 선거를 치르도록 했다. 그래서 건강하고 공정하게 선거 운동하는 후보를 지원하기도 했다.

신총협을 중심으로 실천했던 두 번째 일은 교회의 세습을 금지하는 법을 만든 것이었다. 이는 대형 교회나 개척한 목사가 은퇴하면서 차기 목회자를 세울 때, 세습하는 것을 방지하는 법이다. 이는 모든 목회자에게 공정한 기회를 주어야 옳다고 판단했기 때문이다. 이 법이 총회에서 큰 반향을 불러일으켜 2013년 제98회 총회에서 '담임목사직 대물림 방지법'이 압도적으로 통과되었다.

세 번째 총회에서 다룬 사안은 목회자들의 목회권과 생존권, 인격권을 보장하는 일이었다. 그중에서도 목회자의 생존권은 가장 중점을 둔 안건이었다. 목사가 마음껏 목회하려면 교회가 가장 기본적인 생존권을 보장해 주어야 했기 때문이다.

현재 예장통합교단 총회 안에 9,500여 개의 교회가 있는데 미자립교회가 1/3인 3,200개 교회이다. 그들은 스스로 자립하지 못하고 있다. 미자립교회 교역자의 삶은 매우 열악하여 심각한 문제이다.[13] 목회자의 생존권 문제와 미자립교회 목회자의 기초생활 보장 이슈는 총회 동반 성장위원회에 적잖은 영향을 주었다.

당시 총회 헌법에는 위임목사와 임시 목사 제도만 있었는데 임시 목사는 1년마다 연임을 받아야 했다. 이는 목회자의 목회권을 힘들게 할 뿐 아니라 사고 시, 임시직이라서 보험 혜택을 받지 못하는 상황이었다. 총회에서는 임시 목사라는 명칭을 삭제하고, 대

---

13) 2023년 총회 108회 총회 통계위 보고에 의하면 100명 미만 교회가 69.55%, 연 결산액 5,000만 원 미만이 62.3%이다. 교회 동반성장 사업 통계에 의하면, 노회에서 지원받는 교회는 2,256개 교회이며 이들의 월평균 지원 금액은 약 56만 원이다. 아무 지원을 받지 못하는 교회도 약 1,100 교회가 된다.

신 담임목사 명칭을 사용하게 했다. 또 임기는 삼 년에 한 번씩 신임을 묻도록 명문화했다.

이 같은 성과가 거둘 수 있었던 것은 반송이 임마누엘 라티의 주장대로 도와야 할 사람과 다루어야 할 주제가 무엇인지를 분명히 알았기에 가능했다. 이를 위해 동지를 규합하여 서로 소통하면서 집단으로 함께 행동하는 상징적인 단계까지 이르렀기에 가능했던 것이다.

신총협에서는 해마다 전국적인 모임을 가졌는데 해마다 모인 목회자만 1,000명이 넘었다. 이는 총회 안에서 유례가 없는 일이었는데 반송은 이처럼 상징적인 집단행동도 불사하고, 총회 밖에서 교단의 변화를 이끌었다.

3) 후기-통합교단 총회와 '세기총'을 중심으로

반송은 교단 밖에서 교단의 미래를 위해 노력하다가 본격적으로 교단 제도권에 들어와서 10년 이상 교단 장기 발전위원장, 정책기획위원장, W.C.C. 10차 총회 준비위원장 등 총회의 특별위원장으로 총회장을 도와 교단의 미래를 위한 혁신안을 만들었다.

미자립교회 대책, 동반성장위원회와 신학대학 문제, 총회 연금 개혁과 총회 행정구조 개혁, 정책과 장기 발전, 목회자의 생활개선을 위한 자비량 선교(Tent Making Mission) 문제, W.C.C. 10차

총회 준비 등, 총회 위원회와 제도권 안에서 혁신하는 일을 계속했다.

2016년 반송은 '세기총(세계한인기독교총연합회)' 제4대 대표회장으로 취임하게 된다.

세기총 창립선언문은 "전 세계에 흩어져 사역하는 한인교회, 기독교 기관 선교 사회 등, 750만 한인 디아스포라 형제와 함께 연합과 일치를 이루어 주님의 지상명령을 이루겠다. (기독교 라인, 2016)"라고 선언하였다.

이때 반송은 한인 디아스포라 연합과 세계 선교 역량 극대화, 나라와 민족 열방을 향한 소통의 메신저 역할, 사회적 약자와 억눌린 자, 소외된 사람들을 보듬는 일, 이단 사이비의 척결, 교회 차원의 대북 지원 사업, 북한 동포와 탈북 새터민 돕기, 배려와 양보, 조화와 타협 정신의 발현 등을 담아냈다.

반송이 세기총 제4기 대표회장으로 있으면서 한국교회의 세계화와 선교사를 위한 인문학 강의, 세기총 지회장 워크숍과 한인 여성 선교사 초청 선교사 워크숍에서 인문학 강의, 4,300개 교회의 통일 기도 운동과 교회연합운동, 한국인 디아스포라와 함께 하는 평화통일 기도 운동 등을 실행했다. 반송은 세기총의 사무실을 종로로 이전하여 종로5가 시대를 열었다.

이 모든 일은 그가 한국교회 삶의 자리에서 '가장 중요한 문제가 무엇인가'(임마누엘 라티의 인정과 자각의 단계)를 알았기 때문이고, 해야 할 주제와 사람들의 삶을 자신과 동일시 했기 때문이다. 또한 자기를 내려놓고 동지들과 깊은 교제를 하며 감동과 이슈를 공유하고 공감했고, 하고자 하는 일이 타당하면 집단화와 상징적인 집단행동도 과감히 시행했기에 가능했던 일이다.

그는 일회성 사역을 지양하고 미래를 준비하는 한국교회와 교회가 가질 가치를 담아내는 플랫폼을 구축하여 여러 목회자나 단체가 이를 공유하도록 노력했다.

다. 반송의 사회적 치료 모형의 중단과 분석

반송의 삶은 유년 시절 자신처럼 소외와 외로움을 겪는 목회자들을 돕고, 교회의 불합리한 관행을 고치고, 주님의 교회를 교회답게 하며 인문학적인 성찰이 있는 목회자를 양성하여 축소 시대를 대비하고자 하는 삶이었다.

반송의 이러한 주장과 운동은 교계에 한때 상당한 영향을 주었지만, 그의 소원대로 플랫폼으로 이어져 지속되지는 못했다. 그 이유는 개인의 지도력이 약해서가 아니라 반송의 뒤를 이을 지도자가 없었기 때문이다. 반송이 정년을 맞아 은퇴한 이후, 신총협과 세기총을 이끌 차기 리더십이 부재했다.

반송과 함께한 동지들도 은퇴하게 되면서 그 영향력을 유지할 수 없었다. 반송의 사회 치료적 플랫폼이 완성되지 못했던 이유를 다음과 같이 임마누엘 라티의 사회 치료적 모형에 비추어 반추해 본다.

첫째는 반송이 가졌던 가치와 사역은 임마누엘 라티의 사회치료 모형의 첫 단계 '경험에서 출발하기'와 두 번째 단계 '상황분석과 인식'은 되었으나 3단계인 '서로를 알아가는 사귐의 단계(Be-friending)' 4단계 '집단적으로 작업하는 단계(Working together in Group)'인 시도해 보기와 환류에서 충분한 각성과 재무장이 없었던 요인이라고 할 수 있다.

반송은 자기가 어떠한 사람인지를 분명히 인식했고 그의 사명이 무엇인지를 알았다. 그래서 그는 그 일을 위해 자기를 내려놓고 쉬지 않고 일했다. 그는 자신이 처했던 상황과 한국교회의 상황, 그 속에서 고난과 소외를 경험하는 목회자들에 대한 아픔을 공감하고 동일시했다. 그러나 3단계, 서로를 알아가는 단계 즉, 깊은 사귐과 가치 성취를 위해 반송과 함께했던 동지들이 자기를 내려놓고 모험을 시도하는 성육하신 주님의 모방자가 되어야 하는 것을 더 깊이 구체적으로 의식화하지 못했다. 이는 반송이 개혁가이고 사상가이었지 실천가가 아니었기에 이해가 되는 부분이다.

임마누엘 라티의 3단계인 서로를 알아가는 깊은 사귐과 가치 성취를 위해 반송을 지지하고 따르는 그룹 가운데, 이를 계속 의식화하여 가치와 정신을 잇는 능력 있는 차기 지도자가 나왔어야 했다.

반송과 함께한 동지들이 현장에서 서서히 사라진 가장 중요한 이유가 여기에 있다. 어떤 일을 성취한 후, 성취의 몫을 나누고 다시 재결성하여 목표를 향해 나가도록 자기 점검과 개인의 성찰(Individual reflection)해야 했다. 이것이 임마누엘 라티가 말하는 '시도해 보기 환류 시스템'인 성과에 대한 그다음의 성찰이 약했다는 것이다. 핵심 참모들과 역할을 같이했던 동지들이 은퇴하면서 특정한 사람만 반송의 성과를 가져갔다는 오해를 반송은 불식시키지 못했다.

신총협의 동지들도 총회나 노회에서 위상이 높아지면서 그들이 처음 가졌던 가치와 추가적 이상이 약해졌다. 동시에 반송의 정치화 운동 때문에 상대적으로 불이익을 당했던 사람들의 반발도 적지 않아 그들의 공격이나 왜곡된 소문, 루머, 거짓된 정보와 시샘으로 신총협이 부정적인 이미지로 비추어졌다. 이런 이유로 반송의 개혁이 완성되지 못했다고 할 수 있다. 그래서 반송은 인간 본질은 이기심과 거짓, 자기변명과 탐욕이라고 일찍부터 간파했고 이를 극복해야 한다고 했던 것이다.

지금까지 반송의 삶과 인문학적 성찰의 배경, 목회와 한국교회를 향한 혁신이 초기, 동문회 활동으로 시작하여 중기, 신총협을 통한 목회자의 생존권과 목회권, 인격권을 위한 노력, 후기, 총회와 세기총을 통해 기독교계와 해외 한인기독교 총연합회 활동까지의 사역을 임마누엘 라티의 해방신학적 목회실천 방법론을 적용하여 살펴보았다.

그는 어린 시절의 소통 장애와 소외를 일찍부터 경험했기에 위기에 처했을 때, 자기를 보호해 주는 공동체의 역할이 얼마나 중요한지 반송은 일찍부터 몸으로 익혔다. 반송이 교회의 분규를 겪으면서 생존 위협을 당하는 목회자의 극한 환경을 공감하고 경험했다.

이런 경험들이 바탕이 되어 반송은 개혁의 시작은 항상 현장이었고, 인문학적 성찰로 사람을 이해하려고 노력했다. 그의 교회혁신은 교육과 교회구조의 변화가 함께 진행되어야 이루어진다고 여겼다. 그는 유년 시절부터 독서로 축적한 풍부한 지식과 식견으로 개혁해야 할 현장에 대한 분석과 가치, 그 일을 함께하는 인적자원에 대한 중요성에 관하여 올바로 인식하였고, 그 과정에 대한 이해또한 충분했다.

반송에게 교회의 혁신은 사람이고, 가치가 우선적 되어야 하며, 이는 복음 안에서 답을 찾아야 한다고 믿었다. 그에게 기회가 왔을 때 동지들도 모았고 조직화하면서 의식화를 차근차근, 그러나 불도저처럼 진행했다. 신총협을 바탕으로 활동의 폭을 넓혔을 때, 그의 영향력은 교계에 많은 파장을 일으켰다. 반송이 총회 제도권 안으로 진입한 이후에 그는 기독교계와 해외 한인기독교 총연합회까지 아우르는 엄청난 활동으로 이어졌는데 이는 그만한 리더십이 없었기 때문이다. 그렇다고 반송이 모든 것을 다한 것은 아니다. 반송의 혁신은 파장이 컸지만, 그 뒤를 이을 리더십이 준비되지 못했기에 그의 교육적 차원과 사회 치료적 차원의 플랫폼은 한계에 이르게 되었다.

바로 이 부분을 반송이 우리를 떠나기 전에 가장 염려했던 문제였다. 그러나 그렇다고 그의 생각이나 그가 추구했던 가치가 사라진 것은 아니다. 그의 노력과 수고, 그가 추구했던 이상은 아직도 총회와 학교, 그리고 그가 혁신했던 제도 안에서 살아 숨 쉬고 있기 때문이다.

에필로그

한 사람의 인생을 심리전기의 형태로 기록하는 것은 쉬운 일이 아니다. 심리전기는 심리학적 접근과 신학적 방법론을 통해 한 사람의 심리 내적 변화를 분석하고 이를 재구성하는 과정을 거친다. 그러나 저자의 관점과 주관에 따라 객관성이 달라질 수 있다는 점에서 매우 조심스러운 작업이다. 게다가 한 권의 책으로 한 사람의 일생을 분석하고 평가하는 일은 근본적으로 한계가 있다. 지금까지의 전기나 평전, 자서전 등은 보여주고 싶은 부분만 기록하는 경우가 많아, 자칫 인물을 미화하거나 우상화할 우려도 적지 않았다.

그럼에도 우리가 반송이라는 인물을 인문학과 다양한 심리학적 도구로 분석하고 그의 활동을 목회 신학적 관점으로 다시 해석해 낸 이유는 그를 영웅으로 만들거나 우상화하기 위함이 아니다. 반송은 목회자이기 이전에 인문학자이자 문학비평가, 집필자였다. 그가 자신의 삶을 살면서 다양한 심리 변화를 겪으며 일관되게 가졌던 신념은 인간에 대한 연민이었다. 그는 자신과 같은 처지에서 소외당하는 이들과 자신을 동일시하며 그들을 돕고자 했다.

반송의 연민은 '인간은 존귀한 가치를 지닌 존재'라는 것으로부터 시작한다. 반송의 내면에 흐르던 연민의 역동은 어머니 품 같은 한국교회에 대한 열정으로 발전했고, 교회 개혁에 대한 열망으로 전개되었다. 위기의 한국교회를 바라보며 흘렸던 반송의 눈물과 헌신을 목회 신학적으로 분석한 것은, 교회와 세상을 변화시키고자 애쓰는 이들에게 올바른 신학적 방향과 방법론을 제시하고자 했고, 이 시대에 동역자들의 아픔과 한국기독교를 위해 진심을 가지고 눈물과 노력을 기울인 사람이 있었다는 것을 남기고 싶었기 때문이다.

조셉 캠벨(Joseph Campbell)은 모든 인생 이야기에는 '영웅 이야기'가 담겨 있다고 했다. 그가 말한 영웅은 나라를 구하거나 위대한 업적으로 역사를 바꾼 인물이 아니다. 아무도 가보지 않은 미지의 길을 가면서 수없는 시행착오와 실패, 좌절을 맛보면서도 자신의 가치 구현을 위해 애쓰고, 신앙적으로는 하나님의 뜻을 이루기 위해 몸부림치며 사회적 성숙성을 이루어 간 사람을 말한다. 그러한 관점에서 반송 고시영 목사의 삶을 반추해 보면 그는 인간에 대한 연민(compassion)과 어머니 품 같은 한국교회를 회복하고자 했던 이그너스(eagerness, 열망)로 치열하게 자신의 삶을 살았던 작은 영웅이라고 할 수 있다.

반송은 인간의 실존을 인문학적으로 정의하면서 "인간은 죄인이며 나약하고 초라한 존재이다. 그래서 우리에겐 예수 그리스도와 그의 복음이 절대적으로 필요하다."라고 했다. 그는 인간이 나약한 존재라서 사람에 대한 연민을 가졌고 특히 상처받고 나약한 목회자들에 대한 애정이 컸다. 그리고 상처와 그림자가 짙게 드리운 한국교회를 감싸안고 개혁하려는 열망을 품었다. 그래서 그가 가진 열정은 단순한 열정(passion)이 아니라, 한국교회를 향한 애절한 이그너스(eagerness)이었다.

이러한 반송의 노력이 성공했는지를 평가하는 것은 의미가 없다. 어느 시대이든 모든 것을 완성하는 사람은 없기 때문이다. 다만 그가 자기 삶의 자리에서 자기의 소신과 가치를 지키면서 사람을 향한 연민과 한국교회를 위해 노력과 희생을 아끼지 않았고, 이를 성취해 내려는 강력한 열망을 보여주었기에, 다음 세대가 그를 평가하기를 바라고 또 그의 열정과 열망의 흔적이 우리 안에 남아 있기를 바라는 마음으로 그의 심리전기를 썼다.

반송이 생전에 품었던 동역자들에 대한 연민과 한국교회를 사랑했던 그의 열망이 구체적인 결실로 많이 남았다면 어땠을까? 하는 상상도 해보지만 이마저도 반송의 몫이 아닌, 남아있는 누군가의 과제이다. 그리고 이렇게 이어가는 것이 하나님 나라 방식이다.

반송의 심리전기는 자서전이나 전기, 평전을 쓰는 사람에게나 심리학적 방법으로 사람의 심리 역동을 분석하는 일에 도움을 줄 수 있다. 그리고 반송의 개혁운동을 목회 신학적으로 분석한 일은 다음 세대의 목회자와 지도자들에게 목회 신학적 방법론 적용에 길잡이가 될 수 있다.

세상은 앞서간 사람의 흔적 위에 다음 사람이 더 높은 층을 쌓아갈 때 비로소 발전한다. 다만 구사비진(求似非眞, 비슷한 것은 진짜가 아니다)처럼, 반송 이후 그의 흉내만 내는 사람이 아니라, 사람에 대한 진정한 연민과 열망을 품은 참된 지도자가 나와서 그의 뒤를 잇기를 바라며, 반송의 심리전기를 마무리한다.

부록

〈 표1 〉 상위 100개 단위

순위	단어	빈도(건)	백분율	누적백분율(%)
1	나	377	4.482225656877898	4.482225656877898
2	인간	141	1.6763761740577816	6.15860183093568
3	삶	119	1.4148139341338724	7.573415765069552
4	우리	117	1.3910355486862442	8.964451313755797
5	사랑	110	1.3078111996195458	10.272262513375342
6	가을	80	0.9511354179051242	11.223397931280466
7	사람	77	0.9154678397336821	12.138865771014148
8	하나님	75	0.891689454286054	13.030555225300201
9	꽃	64	0.7609083343240994	13.791463559624301
10	자연	57	0.677683985257401	14.469147544881702
11	시	55	0.6539055998097729	15.123053144691475
12	어머니	55	0.6539055998097729	15.776958744501249
13	의미	52	0.6182380216383307	16.39519676613958
14	말	51	0.6063488289145167	17.001545595054097
15	여름	49	0.5825704434668886	17.584116038520985
16	노래	46	0.5469028652954465	18.131018903816432
17	바람	44	0.5231244798478183	18.654143383664252
18	생각	42	0.4993460944001903	19.153489478064444
19	비	42	0.4993460944001903	19.652835572464635
20	물	41	0.4874569016763762	20.140292474141013
21	당신	38	0.451789323350493406	20.592081797645946
22	성경	38	0.451789323350493406	21.04387112115088
23	눈물	37	0.43990013078112	21.483771251931998
24	대한	37	0.43990013078112	21.923671382713117
25	도시	37	0.43990013078112	22.363571513494236

26	하나	36	0.4280109380573059	22.79158245155154
27	여행	36	0.4280109380573059	23.219593389608846
28	계절	35	0.41612174533349183	23.635715134942338
29	부활	34	0.40423255260967783	24.039947687552015
30	벗	33	0.3923433598858638	24.43229104743788
31	존재	33	0.3923433598858638	24.824634407323742
32	해바라기	33	0.3923433598858638	25.216977767209606
33	자신	32	0.3804541671620497	25.597431934371656
34	길	32	0.3804541671620497	25.977886101533706
35	눈	31	0.36856497443823566	26.34645107597194
36	봄	30	0.3566757817144216	26.703126857686364
37	만남	30	0.3566757817144216	27.059802639400786
38	시작	30	0.3566757817144216	27.416478421115208
39	문학	28	0.33289739626667935	27.749375817382003
40	고통	28	0.33289739626667935	28.082273213648797
41	일	27	0.32100820354297943	28.403281417191778
42	사실	27	0.32100820354297943	28.72428962073476
43	편지	26	0.3091190108191654	29.033408631553925
44	신앙	26	0.3091190108191654	29.342527642373092
45	강	26	0.3091190108191654	29.65164665319226
46	무엇	25	0.2972298180953513	29.948876471287612
47	소설	24	0.28534062537153726	30.234217096659147
48	바다	24	0.28534062537153726	30.519557722030683
49	시대	23	0.27345143264772326	30.793009154678405
50	교회	23	0.27345143264772326	31.066460587326127
51	작품	23	0.27345143264772326	31.33991201997385

52	장례식	23	0.27345143264772326	31.61336345262157
53	마음	22	0.26156223992390915	31.874925692545478
54	시절	22	0.26156223992390915	32.136487932469386
55	여인	22	0.26156223992390915	32.3980501723933
56	예수	21	0.24967304720009514	32.647723219593395
57	기도	21	0.24967304720009514	32.89739626679349
58	이상주의자	20	0.23778385447628106	33.13518012126978
59	죽음	20	0.23778385447628106	33.37296397574606
60	서로	19	0.22589466175246703	33.59885863749853
61	상징	19	0.22589466175246703	33.824753299251
62	땅	19	0.22589466175246703	34.05064796100347
63	오늘	18	0.21400546902865294	34.264653430032126
64	시간	18	0.21400546902865294	34.47865889906078
65	하늘	18	0.21400546902865294	34.69266436808944
66	낭만	17	0.20211627630483892	34.89478064439428
67	창조	17	0.20211627630483892	35.09689692069912
68	표현	16	0.19022708358102486	35.287124004280145
69	시인	16	0.19022708358102486	35.477351087861166
70	뜻	16	0.19022708358102486	35.66757817144219
71	있습니다	16	0.19022708358102486	35.85780525502321
72	희망	16	0.19022708358102486	36.04803233860423
73	지혜	15	0.1783378908572108	36.22637022946144
74	신	15	0.1783378908572108	36.404708120318645
75	죄	15	0.1783378908572108	36.58304601117585
76	이상	15	0.1783378908572108	36.76138390203306
77	창	15	0.1783378908572108	36.93972179289027

78	정신	15	0.1783378908572108	37.118059683747475
79	가면	15	0.1783378908572108	37.29639757460468
80	꿈	15	0.1783378908572108	37.47473546546189
81	목련	15	0.1783378908572108	37.6530733563191
82	지금	14	0.16644869813339674	37.81952205445249
83	인생	14	0.16644869813339674	37.985970752585885
84	성전	14	0.16644869813339674	38.15241945071928
85	것입니다	14	0.16644869813339674	38.31886814885267
86	아들	14	0.16644869813339674	38.485316846986066
87	얼굴	14	0.16644869813339674	38.65176554511946
88	가지	13	0.1545595054095827	38.80632505052904
89	우울	13	0.1545595054095827	38.96088455593862
90	모습	13	0.1545595054095827	39.1154440613482
91	빛	13	0.1545595054095827	39.27000356675778
92	들판	13	0.1545595054095827	39.42456307216736
93	농촌	13	0.1545595054095827	39.57912257757694
94	태양	13	0.1545595054095827	39.73368208298652
95	주변	12	0.14267031268576863	39.876352395672285
96	세월	12	0.14267031268576863	40.01902270835805
97	때문입니다	12	0.14267031268576863	40.16169302104382
98	옷	12	0.14267031268576863	40.30436333372958
99	신비	12	0.14267031268576863	40.44703364641535
100	운명	12	0.14267031268576863	40.589703959101115

〈표2〉 N – gram 분석 결과

	단어1	단어2	빈도(건)
1	사랑	벗	31
2	나	나	10
3	나	여름	10
4	나	삶	8
5	나	어머니	8
6	나	편지	7
7	당신	나	7
8	시절	나	7
9	우리	삶	7
10	나	당신	6
11	삶	대한	6
12	나	시절	6
13	나	우울	6
14	우리	우리	6
15	신앙	문학	5
16	예수	그리스도	5
17	인간	삶	5
18	삶	주제	5
19	인간	인간	5
20	자연	여행	5
21	우리	곁	5
22	꽃	나	5
23	여름	나	5
24	가을	노래	5
25	가을	시작	5

26	가을	들판	5
27	인간	정신	5
28	해바라기	꽃밭	5
29	해바라기	꽃	5
30	편지	나	4
31	우리	시대	4
32	인간	자연	4
33	말	나	4
34	이상을	실현	4
35	나	시	4
36	나	집	4
37	나	하나님	4
38	길	나	4
39	문학	나	4
40	인간	대한	4
41	하나님	말씀	4
42	하나님	인간	4
43	우울	기분	4
44	농촌	도시	4
45	톨스토이	부활	4
46	인간	양심	4
47	눈	눈물	4
48	삶	삶	4
49	사람	가을	4
50	바람	가을	4
51	바람	들판	4

52	들판	우리	4
53	나	주변	3
54	당신	무엇	3
55	나	여행	3
56	자연	대한	3
57	지금	나	3
58	나	이상주의자	3
59	벗	당신	3
60	대한	해답	3
61	나	또래	3
62	나	신앙	3
63	나	이상	3
64	사랑	나	3
65	대한	긍정	3
66	나	문학	3
67	나	봄	3
68	성경	인간	3
69	하나님	형상	3
70	천사	가면	3
71	남자	여자	3
72	나	하나	3
73	말	인간	3
74	하나님	자연	3
75	자연	인간	3
76	자연	모습	3
77	하나님	감동	3

78	삶	의미	3
79	우울증	병	3
80	사랑	사람	3
81	나	강	3
82	나	꽃	3
83	나	목련	3
84	바다	신	3
85	사랑	해바라기	3
86	해바라기	나	3
87	어머니	얼굴	3
88	우리	어머니	3
89	어머니	품	3
90	벗	우리	3
91	확인	나	3
92	소리	나	3
93	계절	말	3
94	양심	부활	3
95	사회제도	개혁	3
96	나	작품	3
97	형사	자베르	3
98	비참	사람	3
99	시작	나	3
100	어머니	깃발	3

〈표3〉 TF－IDF(Term Frequency-Inverse Document Frequency) 분석을 통한 중요 단어 순위

	단어	DF	IDF	TF-IDF
1	나	340	1.7966494545222	677.33684435489
2	인간	130	2.7580606216769	388.88654765644
3	삶	110	2.92511470634	348.08865005446
4	우리	107	2.9527662376705	345.47364980745
5	사랑	103	2.9908660839028	328.99526922931
6	가을	75	3.3081069585961	264.64855668769
7	사람	74	3.3215299789283	255.75780837748
8	하나님	69	3.3914885675352	254.36164256514
9	꽃	59	3.5480576282267	227.07568820651
10	자연	54	3.6366110255682	207.28682845739
11	시	53	3.6553031585803	201.04167372192
12	어머니	54	3.6366110255682	200.01360640625
13	의미	50	3.7135720667043	193.10574746862
14	말	50	3.7135720667043	189.39217540192
15	여름	46	3.7969536756434	186.05073010652
16	노래	44	3.8414054382142	176.70465015785
17	바람	41	3.9120230054281	172.12901223884
18	비	38	3.9880089124061	167.49637432105
19	물	38	3.9880089124061	163.50836540865
20	생각	42	3.8879254538491	163.29286906166
21	당신	37	4.0146771594882	152.55773206055
22	여행	30	4.2243976904703	152.07831685693
23	성경	38	3.9880089124061	151.54433867143
24	도시	36	4.0420761336763	149.55681694602

25	눈물	37	4.0146771594882	148.54305490106
26	대한	37	4.0146771594882	148.54305490106
27	하나	34	4.0992345475163	147.57244371059
28	계절	33	4.129087510666	144.51806287331
29	부활	32	4.15985916933327	141.43521175731
30	존재	31	4.19160786764473	138.32305963236
31	해바라기	32	4.15985916933327	137.27535258798
32	벗	33	4.129087510666	136.25988785198
33	길	30	4.2243976904703	135.18072609505
34	자신	32	4.15985916933327	133.11549341865
35	눈	31	4.19160786764473	129.93984389707
36	만남	28	4.2933905619573	128.80171685872
37	봄	29	4.258299242146	127.74897726438
38	시작	30	4.2243976904703	126.73193071411
39	문학	26	4.367498534111	122.28995895511
40	고통	27	4.3297582061281	121.23322977159
41	일	26	4.367498534111	117.922460421
42	사실	27	4.3297582061281	116.90347156546
43	편지	24	4.4475412417845	115.6360722864
44	강	25	4.4067192472643	114.57470042887
45	신앙	26	4.367498534111	113.55496188689
46	무엇	24	4.4475412417845	111.18853104461
47	바다	22	4.5345526187741	108.82926285058
48	소설	24	4.4475412417845	106.74098980283
49	시대	21	4.581072634409	105.36467059141
50	작품	22	4.5345526187741	104.29471023181

51	장례식	22	4.5345526187741	104.29471023181
52	교회	23	4.4901008562033	103.27231969268
53	마음	21	4.581072634409	100.783597957
54	여인	22	4.5345526187741	99.760157613031
55	시절	22	4.5345526187741	99.760157613031
56	기도	20	4.6298627985785	97.227118770148
57	예수	21	4.581072634409	96.20252532259
58	죽음	18	4.7352233142363	94.704466284726
59	이상주의자	18	4.7352233142363	94.704466284726
60	상징	19	4.681156092966	88.941965766354
61	서로	19	4.681156092966	88.941965766354
62	땅	19	4.681156092966	88.941965766354
63	하늘	18	4.7352233142363	85.234019656253
64	시간	18	4.7352233142363	85.234019656253
65	오늘	18	4.7352233142363	85.234019656253
66	창조	16	4.8530063498927	82.501107948175
67	낭만	17	4.7923817280762	81.470489377296
68	희망	14	4.9865377425172	79.784603880275
69	있습니다	16	4.8530063498927	77.648101598283
70	뜻	16	4.8530063498927	77.648101598283
71	시인	16	4.8530063498927	77.648101598283
72	표현	16	4.8530063498927	77.648101598283
73	가면	13	5.0606457146709	75.909685720064
74	정신	14	4.9865377425172	74.798066137758
75	이상	14	4.9865377425172	74.798066137758
76	죄	14	4.9865377425172	74.798066137758

77	지혜	14	4.9865377425172	74.798066137758
78	목련	14	4.9865377425172	74.798066137758
79	꿈	15	4.9175448710302	73.763173065454
80	창	15	4.9175448710302	73.763173065454
81	신	15	4.9175448710302	73.763173065454
82	얼굴	13	5.0606457146709	70.849040005393
83	성전	14	4.9865377425172	69.811528395241
84	인생	14	4.9865377425172	69.811528395241
85	지금	14	4.9865377425172	69.811528395241
86	것입니다	14	4.9865377425172	69.811528395241
87	아들	14	4.9865377425172	69.811528395241
88	태양	11	5.2276997993341	67.960097391343
89	농촌	12	5.1406884223445	66.828949490478
90	빛	12	5.1406884223445	66.828949490478
91	들판	13	5.0606457146709	65.788394290722
92	모습	13	5.0606457146709	65.788394290722
93	우울	13	5.0606457146709	65.788394290722
94	가지	13	5.0606457146709	65.788394290722
95	운명	10	5.3230099791384	63.876119749661
96	옷	10	5.3230099791384	63.876119749661
97	소리	11	5.2276997993341	62.732397592009
98	신비	11	5.2276997993341	62.732397592009
99	주변	12	5.1406884223445	61.688261068133
100	때문입니다	12	5.1406884223445	61.688261068133

〈표 4〉고시영 목사의 텍스트에 나타난 기관명들

순위	단어	빈도(건)
1	한국교회	250
2	교회	227
3	우리	138
4	로마	134
5	기독교	105
6	예루살렘	92
7	현대	60
8	하나	55
9	신학대학	49
10	여호와	48
11	그리스도인	44
12	이스라엘	42
13	정부	28
14	NCC	25
15	솔로몬	23
16	뉴욕	23
17	톨스토이	21
18	골고다	19
19	고후	19
20	백악관	18
21	서울	17
22	워싱턴	17
23	나이아가라	15
24	라스베가스	14
25	에덴	14
26	유대교	12
27	시카고	11
28	경건훈련	11
29	나폴리	10

〈표5〉날짜와 관련된 개체명

순위	단어	빈도(건)
1	가을	61
2	여름	32
3	봄	26
4	오늘	14
5	봄날	6
6	겨울	6
7	내일	5
8	5월	3
9	입추	2
10	초여름	2
11	천년	2
12	9월	2
13	추수감사절	2
14	다음날	1
15	1980년	1
16	내년까지	1
17	내년	1
18	말복	1
19	7일간	1
20	하루	1
21	가을날	1
22	일년	1
23	금년	1
24	작년	1
25	매일	1
26	19년간	1
27	9월초	1
28	1월	1
29	중세시대	1
30	여름날	1

〈표 6〉 환경과 관련한 개체명과 등장한 횟수

순위	단어	빈도(건)
1	고속도로	2
2	일	1
3	기쁨	1
4	상대적	1
5	칼	1
6	가면	1
7	구약성서	1
8	백경	1
9	실락원	1
10	자동차	1
11	광한루	1
12	오작교	1

〈표 7〉 동물 관련 개체명과 등장한 횟수

순위	단어	빈도(건)
1	눈	20
2	얼굴	8
3	가슴	6
4	몸	6
5	손	4
6	입	3
7	다리	2
8	귀	2
9	미꾸라지	2
10	눈송이	2
11	고래	1
12	배	1
13	하체	1
14	무릎	1
15	나비	1
16	머리	1
17	이마	1
18	가슴속	1
19	허리	1
20	나뭇가지	1
21	입술	1
22	어깨	1

<표 8> 문명 관련 개체명과 등장한 횟수

순위	단어	빈도(건)
1	어머니	54
2	여인	15
3	아들	11
4	귀족	5
5	교인	5
6	시인	5
7	주인공	5
8	아버지	4
9	연인	4
10	현대인	4
11	친구	4
12	블라우스	3
13	스승	3
14	또래	3
15	사회제도	3
16	주인	3
17	유대인	3
18	누님	2
19	수영복	2
20	목사	2
21	선생	2
22	상사	2
23	쌀보리	2
24	작가	2
25	방관자	2
26	손님	2
27	교수	2
28	기자	2
29	죄인	2
30	지도자	2

〈표 9〉 대상 관련 개체명과 등장한 횟수

순위	단어	빈도(건)
1	하나님	36
2	예수	8
3	이스마엘	5
4	장발장	4
5	베드로	4
6	아브라함	2
7	춘향	2
8	마리아	2
9	이몽룡	2
10	윤동주	2
11	아담	2
12	성춘향	1

〈표10〉 시간 관련 개체명과 등장한 횟수

순위	단어	빈도(건)
1	새벽	4
2	아침	1
3	밤	1
4	저녁	1
5	반나절	1

〈표11〉 지역 관련 개체명과 등장한 횟수

순위	단어	빈도(건)
1	한국	5
2	양수리	5
3	이스라엘	4
4	프랑스	4
5	서울	4
6	영국	3
7	지중해	3
8	해수욕장	2
9	그리스	2
10	남한강	2
11	요단강	2
12	안성	2
13	에덴동산	2
14	미국	2
15	남원	2
16	북한강	2
17	명동	1
18	지리산	1
19	소백산	1
20	독일	1
21	강원도	1
22	가나안	1
23	남한강	1
24	설악산	1
25	소공동	1
26	에게해	1
28	한강	1
29	중국	1
30	제주도	1

〈표 12〉 단어 중심성의 순위

단어	연결정도	중심성근접	중심성매개	중심성 아이겐벡터	중심성 페이지	랭크클러스터링 계수
나	1.0000000	1.0000000	0.0531102	0.2747933	0.1347382	0.5714286
인간	0.8275862	0.8529412	0.0282237	0.2378026	0.0710463	0.6231884
삶	0.7241379	0.7837838	0.0253371	0.2067714	0.0479864	0.6095238
사랑	0.8275862	0.8529412	0.0263698	0.2399363	0.0616683	0.6413043
가을	0.8275862	0.8529412	0.0306904	0.2366648	0.0522223	0.6123188
사람	0.7586207	0.8055556	0.0228222	0.2190202	0.0317508	0.6277056
하나님	0.6896552	0.7631579	0.0171009	0.2037749	0.0393593	0.6578947
꽃	0.5517241	0.6904762	0.0127857	0.1613550	0.0238235	0.6500000
자연	0.4827586	0.6590909	0.0053073	0.1496434	0.0306490	0.7472527
시	0.7241379	0.7837838	0.0171863	0.2149666	0.0315949	0.6666667
어머니	0.5862069	0.7073171	0.0138836	0.1717918	0.0231960	0.6470
의미	0.6896552	0.7631579	0.0170757	0.2051890	0.0316273	0.6631579
말	0.5862069	0.7073171	0.0122185	0.1726364	0.0267113	0.6691176
여름	0.5517241	0.6904762	0.0078932	0.1726530	0.0298816	0.7166667
노래	0.5172414	0.6744186	0.0074668	0.1599949	0.0253977	0.7047619
바람	0.4827586	0.6590909	0.0137416	0.1347722	0.0225582	0.5714286
생각	0.5517241	0.6904762	0.0076072	0.1705497	0.0238432	0.7416667
비	0.6206897	0.7250000	0.0187796	0.1780989	0.0239658	0.6078431
물	0.5517241	0.6904762	0.0059340	0.1764814	0.0217802	0.7750000
성경	0.6896552	0.7631579	0.0157863	0.2056181	0.0250316	0.6736842
눈물	0.5172414	0.6744186	0.0068420	0.1601437	0.0176976	0.7238095
도시	0.4482759	0.6444444	0.0050817	0.1390404	0.0189996	0.7179487

〈표 13〉 CONCOR 분석 결과 나타난 2개의 군집

분석 모델	단어	그룹
CONCOR(concor)	나	1
CONCOR(concor)	인간	1
CONCOR(concor)	삶	1
CONCOR(concor)	사랑	1
CONCOR(concor)	가을	1
CONCOR(concor)	사람	1
CONCOR(concor)	하나님	1
CONCOR(concor)	꽃	1
CONCOR(concor)	자연	1
CONCOR(concor)	시	1
CONCOR(concor)	어머니	1
CONCOR(concor)	의미	1
CONCOR(concor)	말	1
CONCOR(concor)	여름	1
CONCOR(concor)	노래	1
CONCOR(concor)	바람	2
CONCOR(concor)	생각	2
CONCOR(concor)	비	2
CONCOR(concor)	물	2
CONCOR(concor)	성경	2
CONCOR(concor)	눈물	2
CONCOR(concor)	도시	2
CONCOR(concor)	여행	2
CONCOR(concor)	계절	2
CONCOR(concor)	부활	2
CONCOR(concor)	벗	2
CONCOR(concor)	존재	2
CONCOR(concor)	길	2
CONCOR(concor)	눈	2
CONCOR(concor)	봄	2

〈표 14〉 감성 분석

구분	빈도(건)	비율(%)
전체	2198	100.0
긍정	1543	70.2
중립	305	13.88
부정	350	15.92

〈표 15〉 감성 분석의 비율

구분	빈도(건)	감성 강도 비율(%)	빈도 비율(%)
긍정	490 / 765	61.55 / 100.0	64.05 / 100.0
부정	275 / 765	38.45 / 100.0	35.95 / 100.0

〈표 16〉 호감 감정

감정 분류	빈도(건)	감성 강도	빈도*감성강도	빈도비율(%)
사랑스럽다	118	4	472	15.42
자연스럽다	59	4.5556	268.7804	7.71
아름답다	42	5.1111	214.6662	5.49
좋다	24	4.3333	103.9992	3.13
낭만적	22	4.2222	92.8884	2.87
긍정적	9	3	27	1.17
현대적	9	5.7778	52.0002	1.17
좋아하다	8	2.7778	22.2224	1.04
조화롭다	8	5.5556	44.4448	1.04
완전하다	4	2.7778	11.1112	0.52
아담하다	4	3.7778	15.1112	0.52
순수하다	4	3.5556	14.2224	0.52
성숙하다	4	2.1111	8.4444	0.52
소박하다	3	2.8889	8.6667	0.39
화려하다	3	5.8889	17.6667	0.39
풍성하다	3	3.2222	9.6666	0.39
창조적	2	2.1111	4.2222	0.26
유연하다	2	1.8889	3.7778	0.26
어울리다	2	2.8889	5.7778	0.26
심미적	2	3.8889	7.7778	0.26
시원하다	2	4.2222	8.4444	0.26
부드럽다	2	3.6667	7.3334	0.26
만족	2	2.5556	5.1112	0.26
따뜻하다	2	4.3333	8.6666	0.26
깨끗하다	2	4	8	0.26
경건하다	2	4.5556	9.1112	0.26
편안하다	2	3.2222	6.4444	0.26

참하다	1	5.4444	5.4444	0.13
정확하다	1	3.7778	3.7778	0.13
정성	1	4.5556	4.5556	0.13
정답다	1	4.5556	4.5556	0.13
적합하다	1	4.6667	4.6667	0.13
적절하다	1	2.8889	2.8889	0.13
우수하다	1	2.1111	2.1111	0.13
완벽하다	1	2.8889	2.8889	0.13
예쁘다	1	4.2222	4.2222	0.13
안정적이다	1	3.3333	3.3333	0.13
신속하다	1	4.2222	4.2222	0.13
신선하다	1	5	5	0.13
순결하다	1	5	5	0.13
세밀하다	1	3.6667	3.6667	0.13
보기좋다	1	5.4444	5.4444	0.13
말끔하다	1	4	4	0.13
뛰어나다	1	3.3333	3.3333	0.13
넉넉하다	1	5.1111	5.1111	0.13
곱다	1	4.4444	4.4444	0.13
고전적이다	1	3.3333	3.3333	0.13
고요하다	1	5.8889	5.8889	0.13
고상하다	1	4.5556	4.5556	0.13
고맙다	1	5.3333	5.3333	0.13
포근하다	1	4.1111	4.1111	0.13
편하다	1	5.8889	5.8889	0.13
특출나다	1	4.1111	4.1111	0.13
친절하다	1	4.2222	4.2222	0.13

〈표 17〉 흥미관련 감정

감정	분류빈도(건)	감성강도	빈도*감성강도	빈도비율(%)
새롭다	14	2.7778	38.8892	1.83
신비롭다	11	1.7778	19.5558	1.43
원하다	6	5	30	0.78
정열	3	4.4444	13.3332	0.39
인상적이다	2	3.4444	6.8888	0.26
돋보이다	2	3.6667	7.3334	0.26
갈망하다	2	2.66667	5.3333	0.26
재미있다	1	2.6667	2.6667	0.13

〈표 18〉 기쁨 관련 감정 키워드

감정	분류빈도(건)	감성강도	빈도*감성강도	빈도비율(%)
웃다	14	3.2222	45.1108	1.83
기쁘다	11	4.4444	48.8884	1.43
감동이다	11	5	55	1.43
감사하다	10	3.4444	34.444	1.3
행복하다	8	2.5556	20.4448	1.04
감격하다	5	4.7778	23.889	0.65
즐겁다	3	5.6667	17.0001	0.39
최고다	3	4	12	0.39
신명나다	2	2.5556	5.1112	0.26
빙그레	2	2.7778	5.5556	0.26
설레다	1	3.6667	3.6667	0.13

<표 19> 슬픔 관련 감정

감정	분류빈도(건)	감성강도	빈도*감성강도	빈도비율(%)
울다	28	5.6667	158.6676	3.66
우울하다	24	5.4444	130.6656	3.13
외롭다	18	4.8889	88.0002	2.35
절망하다	10	6.2222	62.222	1.3
슬프다	10	6.2222	62.222	1.3
근심스럽다	9	4.2222	37.9998	1.17
고독하다	8	5.1111	40.8888	1.04
그리워하다	7	5.3333	37.3331	0.91
쓸쓸하다	5	3.5556	17.778	0.65
허무하다	5	3.6667	18.3335	0.65
초라하다	4	3.2222	12.8888	0.52
처절하다	4	5.4444	21.7776	0.52
괴롭다	4	4.4444	17.7776	0.52
비참하다	4	5.2222	20.8888	0.52
울부짖다	3	6.8889	20.6667	0.39
애도하다	2	5.7778	11.5556	0.26
상실감	2	6.1111	12.2222	0.26
후회하다	2	4.4444	8.8888	0.26
한숨짓다	2	2.7778	5.5556	0.26
탄식하다	2	4.4444	8.8888	0.26
좌절되다	1	5.4444	5.4444	0.13
절절하다	1	5.1111	5.1111	0.13
절실하다	1	4.5556	4.5556	0.13
절규하다	1	6.6667	6.6667	0.13
음울하다	1	4	4	0.13

원통하다	1	6	6	0.13
낙심하다	1	5.3333	5.3333	0.13
안타깝다	1	4.8889	4.8889	0.13
안쓰럽다	1	4.6667	4.6667	0.13
각박하다	1	2.6667	2.6667	0.13
가슴아프다	1	5.7778	5.7778	0.13
불행하다	1	5.2222	5.2222	0.13
포기하다	1	3.8889	3.8889	0.13

〈표 20〉 두려움 관련 감정

감정분류	빈도(건)	감성강도	빈도*감성강도	빈도비율(%)
주의	24	1.6667	40.0008	3.13
불안	8	4.8889	39.1112	1.04
공포스럽다	3	6.6667	20.0001	0.39
무섭다	2	6.1111	12.2222	0.26
긴장되다	2	4.3333	8.6666	0.26
걱정하다	2	2.2222	4.4444	0.26
초조하다	1	3.8889	3.8889	0.13

⟨표 21⟩ 통증 관련 감정

감정분류	빈도(건)	감성강도	빈도*감성강도	빈도비율(%)
아프다	8	6.5556	52.4448	1.04
답답하다	2	2.2222	4.4444	0.26
어지럽다	2	3.6667	7.3334	0.26
고통스럽다	1	5.4444	5.4444	0.13

⟨표 22⟩ 거부감 관련 감정

감정분류	빈도(건)	감성강도	빈도*감성강도	빈도비율(%)
어렵다	6	3.5556	21.3336	0.78
부족하다	4	2.3333	9.3332	0.52
부끄럽다	2	2.4444	4.8888	0.26
차갑다	2	1.6667	3.3334	0.26
더럽다	2	6.1111	12.2222	0.26
낡다	2	2	4	0.26
약하다	2	1.5556	3.1112	0.26
심하다	2	4.4444	8.8888	0.26
추하다	1	4.3333	4.3333	0.13
번거롭다	1	4.4444	4.4444	0.13
못되다	1	2.7778	2.7778	0.13
못나다	1	3.5556	3.5556	0.13
이상하다	1	4.6667	4.6667	0.13
유치하다	1	2.7778	2.7778	0.13

〈표 23〉분노 관련 감정

감정분류	빈도(건)	감성강도	빈도*감성강도	빈도비율(%)
밉다	3	3	9	0.39
멸시당하다	2	5.3333	10.6666	0.26
분노하다	1	6.1111	6.1111	0.13
짜증	1	3.7778	3.7778	0.13
무시당하다	1	2.8889	2.8889	0.13
원망하다	1	4.4444	4.4444	0.13
야박하다	1	3.4444	3.4444	0.13
격해지다	1	5.3333	5.3333	0.13
파괴	1	5.5556	5.5556	0.13
불만스럽다	1	3.4444	3.4444	0.13

〈표 24〉놀람 관련 감정

감정분류	빈도(건)	감성강도	빈도*감성강도	빈도비율(%)
놀랍다	2	5.3333	10.6666	0.26

<표 25> 세부감성 빈도수

세부감성	세부감성 빈도(건)	세부감성비율(%)
호감(good feeling)	374	48.89
기쁨(joy)	70	9.15
흥미(interest)	46	6.01
슬픔(sadness)	166	21.70
두려움(fear)	48	6.27
통증(pain)	13	1.70
거부감(disgust)	33	4.31
분노(anger)	13	1.70
놀람(fright)	2	0.26

참고문헌

프롤로그

- Rousseau J.-J, *Discours sur l'origine et les fondements de l'inégalité parmi les hommes* (Marc-Michel Rey 1755.)

제1편

- Adler A., *Understanding human nature*(W. B. Wolfe, Trans, Greenberg 1927.)
- Ansbacher H.L., & Ansbacher R. R.(Eds.) *The individual psychology of Alfred Adler: A systematic presentation in selections from his writings* (Basic Books 1956.)
- Erikson E.H., *Childhood and society* (Norton 1950.)
- Erikson E. H., *Identity: Youth and crisis* (Norton 1968.)
- Erikson E. H., *The life cycle completed* (W.W.Norton & Company 1982.)
- Goffman, E., *The presentation of self in everyday life* (Doubleday 1959.)
- Gumperz J.J., *Discourse strategies* (Cambridge University Press 1982.)
- Stanlaw J., Adachi N. & Salzmann Z., *Language, culture, and society: An introduction to linguistic anthropology* (Westview Press 2014.)

- Whorf B.L., *Language, thought, and reality: Selected writings of Benjamin Lee Whorf* (MIT Press 1956.)
- Pinker S., *The stuff of thought: Language as a window into human nature* (Penguin Books 2007.)

고시영 저서
- 고시영, *어느 이상주의자의 편지* (도서출판 푸름 1991.)
- 고시영, *너와 나는 떨어질 수 없어라* (재동출판사 1999.)
- 고시영, *책을 통해서 본 세상 이야기* (말씀과 만남 2008.)
- 고시영, *바른 그리스도인을 육성하기 위한 경건훈련* (도서출판 큰빛 2012.)
- 고시영, *인문학적 자기성찰: 독백과 편지 그리고 여행* (서울장신대학교 출판부 2016.)
- 고시영, *성경에 기록된 인문학적 성공 이야기* (서울장신대학교 출판부 2017.)
- 고시영, *인간, 그 100개의 가면* (드림북 2019.)
- 고시영, *여행을 통해 본 세상 이야기* (도서출판 큰빛 2019.)
- 고시영, *한국교회 재건 설계도* (드림북 2021.)
- 고시영, *인간, 신이 만든 수수께끼(상): 존재* (드림북 2021.)

제2편
- Berger P.L., 사회학으로의 초대 (문예출판사 1996.)
- Bem D.J, *Self-perception theory.* In L.Berkowitz(Ed.), *Advances in experimental social psychology*(Vol.6, pp. 1–62). (Academic Press 1972)
- Kihlstrom J.F., Beer J.S., & Klein S.B., *Self and identity as memory* (2003.)

- Lecky, P. (1945). Self-consistency; a theory of personality. Markus H., *Self-schemata and processing information about the self* (Journal of Personality and Social Psychology 1977.)
- McAdams D.P., *The stories we live by: Personal myths and the making of the self* (Guilford Press 1993.)
- McLean, K. C. (2008). The emergence of narrative identity. Social and Personality Psychology Compass.

국내 연구 및 기사
- 김경식, 박형진, 윤주국, 이병환 & 이현철 (교육사회학, 교육과학사 2011.)
- 김은진, *인간의 이중성, 그 진실에 대해* (성대신문 2012.)
- 손정연, *타인의 시선에 나를 가두지 마라* (한밤의책 2025.)
- 이사야, *장신대 동문회 '신총협 탈퇴' 결의* (국민일보. https://v.daum.net/v/20150130031207505) (2015. 1. 30.)

인터뷰
- 김홍천 목사 인터뷰 (2024년 1월 11일).
- 박위근 목사 인터뷰 (2024년 1월 15일).
- 부활교회 김정자 은퇴장로 인터뷰 (2024년 1월 30일).
- 고범석 목사 인터뷰 (2024년 2월 3일).
- 안주훈 목사 인터뷰 (2024년 3월 14일).
- 최기학 목사 인터뷰 (2024년 3월 14일).
- 황해국 목사 인터뷰 (2024년 4월 15일).
- 김태영 목사 인터뷰 (2024년 8월 27일).
- 신광수 목사 인터뷰 (2024년 8월 30일).
- 오구식 목사 서면 인터뷰 (2024년 9월 26일).

제3편

- Bandura A., *Social foundations of thought and action: A social cognitive theory* (Prentice-Hall 1986.)
- Bandura A., *Self-efficacy: The exercise of control* (W.H. Freeman 1997.)
- Bowlby J., *A secure base: Parent-child attachment and healthy human development* (Basic Books 1988.)
- Festinger L., *A theory of social comparison processes* (Human Relations 7(2) pp.117-140, 1954.)
- Graham L.K., *Care of persons, care of world: A psychosystems approach to pastoral care and counseling* (Abingdon Press 1992.)
- House J.S., *Work stress and social support* (Addison- Wesley 1981.)
- Kohlberg L., *Essays on moral development: The philosophy of moral development* (Harper & Row 1981.)
- Mead G.H., *Mind, self, and society* (University of Chicago Press 1934.)
- Vaillant G.E., *The wisdom of the ego* (Harvard University Press 1993.)

국내 연구 및 기사

- 강사문, *구약성경의 생태신학적 이해* (장신논단 1997.)
- 박준서, *하나님의 동역자* (연세대학교 연신원 목회자 하기 세미나 강의집·18, 34, 1998.)
- 박상철, *제주 고씨와 고려 왕실의 관계* (한국역사연구·12, pp. 125-130, 1998.)

- 최상호, *제주 지역 사회 내 고씨 문중의 공동체 형성과 사회적 역할*(사회학 연구·45, pp. 33-38, 2021.)

신학 연구
- Kuyper A., *Sphere sovereignty* (Eerdmans 1880.)
- Kuyper A., *Lectures on Calvinism* (Eerdmans 1898.)
- Kuyper A., *To be near unto God* (Eerdmans 1901.)
- Kuyper A., *Pro Rege* (Eerdmans 1931.)

기독교 연구 및 신학 강의
- 황해국, *인문학으로 보는 인간 이해* (세광교회 인문학강좌 2019. 5.)
- *한국기독교 신문방송협회 제4회 포럼*, 서울 매일.http://www. smaeil.com 2016. 5. 2.)
- Volf M., *Work in the spirit: Toward a theology of work* (Wm.B. Eerdmans Publishing Co 2001.)
- Moltmann J., *The Trinity and the kingdom of God: The doctrine of God* (Harper & Row 1981.)
- Aristotles(B.C.350)., *Nicomachean ethics* (T.Irwin, Trans. 2nd ed.)(Hackett Publishing Company 1999.)
- Lartey E.Y. *In living colour: An intercultural approach to pastoral care and counseling*(2nd ed.) (Jessica Kingsley Publishers 2003.)

반송의 연민과 이그너스 이해

1판 1쇄 발행	2025년 5월 22일
지은이	황해국 안명숙 조영진
펴낸곳	도서출판 선우미디어

등록 | 1997. 8. 7 제305-2014-000020
02643 서울시 동대문구 장한로 12길 40, 101동 203호
☎ 2272-3351, 3352 팩스 2272-5540
sunwoome@daum.net greenessay20@naver.com
Printed in Korea ⓒ 2025. 황해국 안명숙 조영진

값 20,000원

ISBN 978-89-5658-793-6 03230